FUNDAM

DE

OZAIN

FUNDAMENTO DE OZAIN

INDICE

FUNDAMENTO DE OZAIN

I. INTRODUCCION.

Se ha dicho mucho y poco sobre, quizas el más controvertido de los Orishas Yorubas, por tanto expresamos nuestra valoración conceptual propia, la cual derivo en nuestra rama de generación en generación hasta los actuales momentos, atreviéndonos a asegurar que el temido y venerado Genio de la misteriosa espesura abarca en si el micromundo material de su propio entorno. Además de la armónica combinación e interacción de sus elementos en función del remedio de los males humanos, potenciándose asi la relación con el Orisha, de Aleyos, Consagrados, Oficiantes y personas en general.

Digamos inicialmente que la Religión Yoruba asume su paternidad, pero algunos reconocen su procedencia en el intrincado territorio Takua (Recuérdese que algunos Paleros llaman a una poco conocida y poderosa Deidad Sobrenatural del Monte, como Takuala Nfinda). Es decir, que la Regla Conga disputa quizás merecidamente el origen de ozain en sus dominios ancestrales. Lo que tal vez no sea desacertado, de esta manera aparecería ante nuestros ojos el temido Gurunfinda, Butan ó Butan Keye, como le llaman otros.

Por su carácter universal, Ozain trasciende a los Yorubas, Mayomberos, Kimbiseros y Briyumberos. Ozain es la armonía natural de las plantas, animales, minerales, sustancias, fuerza y misteriosos poderes activados a científicos ó mágicos conjuros y es todo esto en si lo que representa la esencia poseedora por tanto de una amplia gama de virtudes negativas y positivas, asi dispuesto cura ó mata, destruye o salva, y mas que nada, protege y ayuda. Es la misma medicina natural ó la muerte implacable por el Hechicero, por el poderoso Curandero que todos queremos como Auxiliar.

Para los Yorubas, conocer sus secretos es fundamental, pues esta presente en todas sus Ceremonias y Actos Litúrgicos, desde la Iniciación hasta la Muerte.

Para los Congos, el temible Gurunfinda es el mas perfecto aliado para el bién y para el mal. Es el Dueño del Monte y de sus Secretos, del Rey de Nigbe Yoruba y del Ntoto Nfinda Palero.

CONCEPCION HISTORICA.

Dicen que su maltrecha figura se la debe a Shango, quién a fuego limpio con sus temibles Odu Ara puso fin a la disputa de Ozain con el adivino Orula, quién por hacerlo llevaba la peor parte en la confrontación; aun asi desgarrado, herido, quemado, mutilado, Ozain era el temido enemigo vencido por el poder superior del fuego rojo de Shango y la alianza de la inteligencia de este y la sagrada premonición de Orula y asi pago; el resultado fue que el quedo de por vida como servidor del ultimo (Orula) y tutelado y guiado del primero (Shango). Fue asi que nació esta trilogía que representa el Fundamento de Ozain. El Ayacua de Shango, su temible Odu Ara y el Carbón, la madera incinerada, que no obstante su estado ocasionado por la piedra del rayo del Guerrero Eterno, conserva hasta el último momento la fuente de Luz y Energía, que es el Calor.

Todo convergió, el abrasador fuego, la tenaz inteligencia, el secreto que sobrevivió y que trascendio al receptáculo de Güiro Verde con Plumas gungún, donde acopiaba sus secretos que una vez fuera arrebatado por Oya y su remolino puesto a disposición de todos los Orishas, que como sabemos, de esta forma se adueñaron de Ewes y Secretos haciéndolos suyos y de sus hijos.

Dicen que no nació, sino que emergió de las entrañas de la tierra y que es el principal mensajero de Olordumare, que por eso es la naturaleza misma, es por eso que se representa en el Fundamento con Omotitun (El Feto).

Asi nació el misterioso Shango – Orula – Ozain, por eso los hijos de Shango deben recibir durante ó antes de comenzar su vida religiosa el xxxxx del Monte, es de aquí que los Babalawos lo deben recibir como uno de los primeros poderes que se le entregan. Los Ozainistas puros son a menudo Omo Shango / A veces hasta sin saberlo, o sabiéndolo por simple instuición). Los Sacerdotes de Ifá tienen en los xxxxxxx xxxxxxxxx xxxxxxx xxxxxxxx.

Ser Ozainista no es una consagración simple, ni necesita de otras, no es siquiera poseer un Fundamento, ni hacerlo Jurado. Además de esto, representa ser conocedor exhaustivo del bosque y de cada palmo y piedra de este, de sus sonidos, de sus sombras. Se es un curioso observador de las costumbres de los animales, seres y poderes que lo habitan, de cómo viven, de cómo matan, y como mueren. Se saber como analogar todo esto con las necesidades de los seres humanos. En fin ser Ozainista es un poco ser el mismo monte, su esencia y su sicología.

II. MONTAJE DEL FUNDAMENTO.

Como todo en nuestra Religión, el montaje del Fundamento de Ozain encierra sus Secretos y sus particularidades que son objeto del estudio necesario de la transición Padrino – Ahijado y entre Consagrados. Además de la observación ó interpretación particular del Ozainista, de la aplicación de la lógica que cada rama lo efectúa a su conveniencia y tradición religiosas, las particularidades, signos, odduns y Osha Eleda de quién lo posee. Es decir, que varia de acuerdo al que lo ostenta como poder y a su astral. Sean cuales sean los materiales que lo conformen se deben seguir pasos inviolables e imprescindibles y que pese a los vuelos de la imaginación o que se efectúe su Montaje, Ornamentación a gusto, impresión estática y funcional, se debe evitar por todos los medios en incurrir en falsas analogías, visionismos e innovaciones. (Sobre todo las divorciadas de la lógica).

El solo hecho de mencionar el nombre de este Fundamento, invita al secreto, al más reservado mutismo. Personalmente no creo en hablar de esto conforme una traición ó una indiscreción religiosa; pues el secreto de Ozain no cabe en una Ikoko, ni en el montaje de elementos que se le hagan a la misma. Ozain es mucho mas, el secreto es la practica misma, el estudio más profundo de las leyes naturales y su vinculación religiosa, sobre todo que el Orisha responda a la invocación de su poder, es potestad solo de los sabios y estudiosos oficiantes.

Sin más reciban pues, en lo adelante el Tratado de Ozain de "Omo Alakentu".

GUIA PARA EL MONTAJE

PREPARACION DE LA IKOKO DE OZAIN

Se lavan la Ikoko, Otases y Atributos complementarios como se explica a continuación. Siempre debe comenzarce la preparación un día viernes.

Primer Viernes: (21 Ewes, en una cazuela y 21 Ewes en otra).

Cazuela No. 1

1. Abre Camino
2. Itamo Real
3. Yamao
4. Rompezaraguey
5. Albahaca Morada
6. Atiponla

Cazuela No. 2

1. Lengua de Vaca
2. Hierba Fina
3. Hierba de la Sangre
4. Huevo de Gallo
5. Romerillo
6. Platanillo de Cuba

7. Bledo Punzo (Rojo)	7. Guasima
8. Baria	8. Botón de Oro
9. Paraiso	9. Cucaracha
10. Alamo	10. Diez del Día
11. Jobo	11. Hierba Mora
12. Peregun	12. Sauco
13. Manto	13. Maravilla
14. Verbena	14. Muralla
15. Prodigiosa	15. Apasote
16. Flor de Agua	16. Almendro
17. Yerbabuena	17. Yagruma
18. Orozu	18. Ruda
19. Algodón	19. Moruro
20. Higuereta	20. Hojas de Peonia (Eweriyeye)
21. Hojas de Calabaza	21. Vencedor

Segundo Viernes: *(21 Ewes, en una cazuela y 21 Ewes en otra).*

Cazuela No. 1   _Cazuela No. 2_

1. Algarrobo	1. Ceiba
2. Almacigo	2. Escoba Amarga
3. Piñon de Botija	3. Caisimon
4. Quita Maldición	4. Frescura
5. Ayua	5. Anamu (No utilizar Oct/Nov/Dic.)
6. Jaguey	6. Aguinaldo Blanco
7. Amansaguapo	7. Aguinaldo Morado
8. Cocuyo	8. Cuaba
9. Akana	9. Ateje
10. Aguacate	10. Jocuma
11. Aguedita (Rompe Hueso)	11. Tengue
12. Salvadera	12. Laurel
13. Verdolaga	13. Dayama
14. Hierba Garro	14. Siguaraya
15. Coate	15. Roble
16. Marilope	16. Canutillo
17. Colnia	17. Mangle Rojo
18. Guacamaya	18. Don Ramón
19. Corazón de Paloma	19. Jiqui
20. Vence Batalla	20. Espanta Muerto
21. Jiba	21. Framboyan

Tercer Viernes: *(17 Ewes, en una Cazuela.).*

Cazuela

1. Hoja de Platano
2. Justicia
3. Guama
4. Yaya
5. Aroma
6. Alacrancillo
7. Ñame Volador
8. Guasimilla
9. Estate Quieto
10. Mar Pacifico
11. Grama de Caballo
12. Espartillo
13. Piñon Criollo
14. Hierba Hedionda
15. Dominador
16. Helecho de Rio
17. Hala Hala

Otras Hierbas utilizables:

1. Krubbana (Sensitiva)
2. Grama
3. Barba de Indio
4. Escoba India
5. Hierba Garro
6. Espuela de Caballero
7. Curujey

Una vez hechos los omieros, con su correspondiente: Ina, Ewe, Ikoko, etc. Se procede de la siguiente forma:

Primer Día Viernes:

Se lava todo. Al final del montaje de ese día, se vierte parte abundante del contenido sobre la cual se ha montado.

Segundo y Tercer Día Viernes. *Igual procedimiento.*

Una vez creada la Ikoko, xxxxxxx xxxxxx en pez rubia xxxxx xxxxx se dibuja sobre la misma xxxxx, y en el centro xxxxx una pequeña carga de etubón, y se procede a lo que se conoce como "Vola" la cazuela, es decir Purificar la misma con pólvora. Se mapea esta de cualquier xxxxxxx y esta lista para ser firmada. Operación que se hará invariablemente con Efun y Otí, utilizando un Palito de Maribo ó un pincel fino y se ribetea la firma con Almargre.

CARGAS FUNDAMENTALES

1. Elementos Vegetales
2. Elementos Minerales
3. Elementos Animales
4. Elementos Religiosos

Elementos Vegetales:

No menos de 101 Iguís (Palos), los cuales previamente a su manipulación serán purificados con Epó, Otí y Humo de Tabaco. Entre mas Iguíss existan, mas completa será la Ikoko. A condición de que no provengan de especies frutales, es decir serán palos machos. Un montaje con 50 Igis (Palos) como mínimo seria considerado un buen montaje, que con la practica crecería y podrá llegar a ser de 101 palos. De igual manera componen esta carga los Bejucos, las Raíces y Semillas, considerando fundamentales las que mencionamos a continuación:

Bejucos: Batalla, Cucumpemba, Jimagua, Jicotea, Lagaña de Aura, etc.

Raíces: Palma, Ceiba, Raíz de la India, Garañon, Sacu Sacu, Caimito, Yagruma (Gbaro).

Semillas: Mate, Guacalote, Mamey, Peonia, Santa Juana, etc.

Finalmente tiene importancia capital el Epo Suare, el Ojuero, Lino de Rio (Recolectado de Dic. A Feb.)

Se tienen a la mano 101 palos. A continuación mencionamos algunos que consideramos fundamentales:

1. Yamao
2. Estate Quieto
3. Pierde Rumbo
4. Majagua
5. Rompezaraguey
6. Tapacamino
7. Cenizo (Compensa Tapacamino)
8. Diablo
9. Cabo de Hacha
10. Palo Caja
11. Abrecamino
12. Vence Guerra
13. Vence Batalla
14. Vencedor
15. Baria
16. Ayua
17. Jiba
18. Palo Berraco
19. Jiqui
20. Cuaba
21. Don Ramón (Guía de Ozain)
22. Jaguey
23. Ateje
24. Canilla de Muerto
25. Hala Hala
26. Garañon

27. Aguedita (Rompehueso)
28. Justicia
29. Ven Conmigo
30. Para Mi
31. Doncelle
32. Ponte Lejos
33. Rompe Monte
34. Guayacan
35. Granadillo
36. Raspa Lengua
37. Cambia Voz
38. Amansa Guapo
39. Guao
40. Acana
41. Jocuma
42. Dagame
43. Tengue
44. Laurel
45. Alamo
46. Jobo
47. Ceiba
48. Moruro
49. Jucaro
50. Malembo
51. Ebano
52. Siguaraya
53. Roble
54. Marabu
55. Aroma
56. Dayama
57. Palo Canela
58. Mangle Rojo
59. Tapa Vista
60. Barre con Todo
61. Yaya
62. Framboyan
63. Cocuyo

64. Algarrobo
65. Yo puedo mas que Tu
66. Rasca Barriga
67. Almacigo
68. Rompe Camisa
69. Bejuco Berraco
70. Bejuco Garañon
71. Palo Bronco
72. Caballero
73. Guama
74. Caimito
75. Mata Negro
76. Hueso Bana
77. Sacu Sacu
78. Tiembla Tierra
79. Copey
80. Jabao
81. Jobo
82. Zazafran
83. Ponasi
84. Gato
85. Tostón
86. Hiedra
87. Migen
88. Guacamaya
89. Zarza
90. Cuaba Amarilla
91. Majagua
92. Nigua
93. Amansa Guapo
94. Tocino
95. Dominador
96. Bejuco Lagaña de Aura
97. Bejuco Jimagua
98. Bejuco Cucupenta
99. Guasima

Y asi sucesivamente, hasta completar los 101 palos. Debemos reseñar, que en ocasiones un solo palo llega a ser un Fundamento por su Fuerza y Significación. Pero en este *contexto del Montaje de Ozain nos remitimos a la maxima que expresa: "Que un solo palo hace monte, y nuestra intención es precisamente hacer el monte".*

Elementos Minerales:

Piedras Preciosas, Oro, Plata, Acero, Bronce, Cobre, Estaño, todos en forma de Limallas ó conformando Objetos Rituales, monedas, etc. Los elementos minerales también pueden estar presentes en formas disimiles como son: el Azufre, Precipitados en forma química, Azogue, Alumbre, etc.

Elementos Animales:

Debe buscarse la gama mas representativa del monte, como mínimo 21 animales diferentes y de las aves, por ejemplo:

1. Alakaso ó Gungun	15. Mayito
2. Owiwi	16. Perico
3. Cernicalo	17. Gorrión
4. Gavilán	18. Cao
5. Pitirri	19. Agaponle
6. Sinsote	20. Canario
7. Arriero	21. Carpintero
8. Judío	22. Bijirita
9. Sabanero	23. Toconero
10. Zun Zun	24. Cotorra
11. Azulejo	25. Mantia Pescador
12. Negrito	26. Tomeguin
13. Toti	27. Cucuru, etc.
14. Siju	

Deben priorizarce las xxxx xxxx xxxxx xxxxxx xxxxxx xxxxxx xxxxxx xxxxx xxxxx que canten. Se usan además Aves domesticas como son: Etú, Eyelé, Akuko, Akuaro, etc.

En la mayoria de los casos solo se utilizan las cabezas y las patas, aunque algunos como el Zun Zun y las Aves Cazadoras van completas. Queremos realzar la importancia de este animal, que representa en primer lugar la Estabilidad y que en el Oduns Ogunda Tetura se convirtió en Aroní, el Esclavo de Ozain. Todas las aves que van a la Ikoko serán machos y bajo ningún concepto hembras. Otros elementos animales son los insectos xxxx en toda su gama, además de otros invertebrados mamíferos, como son:

- *Ayakua (Fundamental).*
- *Murcielago (Fundamental)*
- *Majases, Jubos, Lombrices.*
- *Sapos*
- *Alacrán (Fundamental)*
- *Arañas, Cocuyos, Ciempies, Mancaberros, Babosas, Bibijaguas, Abejorros, Avispas, Moscones, Cucarachones, etc.*
- *Aguema (Fundamental)*
- *Chipojos, Iguanas, etc.*
- *Ratón, Perro y Gato.*

Otros animales mas exóticos y mas específicos son patrimonio de determinados Odduns, como por ejemplo: Chacal, Mono, Hiena, etc. Una Ikoko ideal debería llevar la presencia al menos de plumas, colmillos, palos, etc., de animales como Tigre, León, Leopardo, Pantera, Jabalí, Elefante, Cobra, Gorila, Aguila, etc.

Recuérdese que muchas especies que aparentemente depredan, son el equilibrio natural, para que el mundo siga siendo mundo biológicamente. Casi todos estos animales presentes en las historias de Ifá, y de esta Religión, que por demás tiene su origen en Africa, por tanto no debemos xxxxx xxxx xxxx xxxx, el inventario de la Ikoko. Otros elementos animales, son las Ornamentas de Venado de gran importancia. Al igual que el Tarro y la Eye de Malú, quienes revitalizan y dan fortaleza al Fundamento.

Elementos Religiosos:

Abarcan una compleja y variada gama que le va desde la Cadena de Ozain, el Ileke de Oluozain de diferentes versiones hasta el Aweru ó Tintillero de Ozain, el Báculo ó Bastón de Ozain, el Agborán. La Ikoko Ni Shishareha, etc. Ver complementos del Fundamento de Ozain, asi como una serie de atributos y hasta el conocido Tablero. Mención aparte lo representa el Osun de Ozain y las Chapas de Coco ó Shamalongos, elemento adivinatorio de los Paleros.

Capitulo aparte merecen las tierras usadas y que que representan las posiciones fundamentales donde trabaja el Fundamento a saber:

- *Tierra de los 4 Puntos Cardinales*
- *Tierra de las 12 de la Noche*
- *Tierra de las 12 del Ida. El Santisimo*
- *Tierra de 21 Camino*
- *Tierra de 7 Cementerios*
- *Tierra de Hospital*
- *Tierra de Juzgado*
- *Tierra de Prisión*

- *Tierra de Comercio*
- *Ilé Akan*
- *Tierra Arada*
- *Tierra de Pie de Arbol Fuerte*
- *Tierra de Línea Viva*
- *Tierra de Línea Muerta*
- *Tierra de Encrucijada*
- *Tierra de Callejón sin Salida*
- *Tierra Húmeda ó de Pantano*
- *Tierra al Pie de Arbol Caído*
- *Tierra al Pie de Arbol Hueco*
- *Tierra de la Manigua*
- *Tierra de las 4 Esquinas*
- *Tierra de la Punta de una Loma*
- *Tierra de un Joro Joro*
- *Arena de Río*
- *Arena de Mar*
- *Tierra de Bibijaguero*

Fundamental:

- *6 Otases de Rio que sean Ozain y coman con la Cabeza del Awo.*
- *1 Odu Ara*
- *1 Ota de monte, de iguales características*
- *4 Plumas de Loro*

ESENCIA DEL MONTAJE

El montaje de la Ikoko y sus atributos complementarios serán como dijimos al comienzo un viernes, y van igual que el resto de las Ceremonias del Gran Orisha, después de las 6 de la tarde, y terminar con el alba. Algunas veces las efectuan en xxxxxxx donde existe el mayor cumulo de potencialidad según ellos. Una vez lavada la Ikoko y todo lo demás, lo primero que se hace es lavar una Teja usada y pintada de Rojo, firmada con pintura Blanca, duradera y después repasada con pintura Ritual, con Otura Niko. Esta se pone parada alrededor de una Atena pintada en el piso como sigue:

- *3 Círculos Concéntricos:*
  - *El primero y Exterior con Oñí*
  - *El Intermedio con Efun*
  - *El Interior con Epó*

En el interior del ultimo se firma con Efun de derecha a izquierda:

- *Ogunda Fun*
- *Otura Niko*
- *Irete Yero*

Sobre esta tierra se ponen shapas de Coco, recién abierto untadas con Epó, y una Atare sobre cada una de ellas. Las Shapas se disponen sobre la Atena, de la siguiente forma: (Tomando en cuenta la esfera de un Reloj), centro, 12, 6, 9 y 5, después 4 y 10 y por ultimo 8 y 2.

Ya con la Atena hecha se pone tras la Teja un Vaso con aproximadamente la mitad de Obí Omi Tuto. Agua fresca con un ramito de Albahaca y Frescura dentro. Puede ser Albahaca envuelta con una hoja de Panal Blanco untado con manteca de Cacao, donde se escriben los siguientes nombres:

- *Anobi*
- *Aresu*
- *Yusif*
- *Yaruba*
- *Pole*
- *Vinoru*
- *Olo Maibo*
- *Alases*
- *Adabidale*
- *Ulo*
- *Olo*

- *Ola*
- *Weto*
- *Nayama*
- *Babaye*
- *Eyepa*
- *Areto Yelu*
- *Musa*
- *Akono*
- *Danda*
- *Alape*

Estos son los 21 Egguns del Cielo, Mar y Tierra, que precedieron a Orula para el vencimiento de las dificultades: Las Siete (7) Potencias Africanas. El resto de agua del Coco y Obi Omituto se vierten en una Igba, se asperja en el Ilé con una rama de Albahaca Morada en esta y se limpian a todos los presentes de menor a mayor, todo esto con la Atena tendida, se le da Coco a Eggun y se le da cuenta invocando a los mayores, a los Egguns familiares "A Bogbo Babalawo Ibae", a Bogbo Oluozain Ibae, y los Bogbo Egguns que Timbelorun que Timbelaye, que Timbelese Olordumare.

Se Vuela por toda la Casa una Paloma, sujetándola con 9 Cintas Rojas, Blancas, Negras, que previamente han sido amarrado a las patas de esta. Después se limpian a los presentes de Menor a Mayor. Después se limpian los presentes con un Pollon y se le da Eyebale a la Atena, por el orden con que se limpio. Ambos animales se preparan previamente con Ori, Epo, Oti, Bebida de Ozain, Vino Seco, y Humo de Tabaco. El servicio de Unyen a la Atena, se hace completo, es decir: Ekú, Ejá, Awado, Otí y Oñí.

Ya con la Atena Comida se procede a firmar la Ikoko. Previamente para la mejor comprensión, seccionaremos mentalmente la Ikoko y asignémosle los 4 puntos cardinales marcando el Norte. En la tapa ó polo norte va la firma de la tapa de la Ikoko, que es frecuentemente la mitad de un coco ó la de los receptáculos que se utilizan para el fundamento de Asojuano.

En el polo sur ó fondo de la cazuela va la firma del dueño del monte, y al sur del polo sur va la firma del caldero. Lleva además firmas del monte, del cementerio, mar, río, tierra de esquina, de loma, encrucijada, y se pregunta si Otan, hasta completar las indispensables para la Ikoko.

Al norte y en la pared de la cazuela se escribe el Signo del Awo que recibe en Rojo con Almagre y se repasa con Otí y Efun (en caracteres más grandes, a la derecha con caracteres mas pequeños) Ejiogbe, a la izquierda del Signo del Awo, Oyekun, a la derecha. Iwori, y asi hasta terminar en Oragun a la izquierda. A continuación se comienza a escribir los siguientes signos igualmente a la derecha e izquierda del Toyale.

1.	Ogbe Yekun	D	68.	Okana Wete	I
2.	Ogbe Weñe	I	69.	Okana She	D
3.	Ogbe Dí	I	70.	Okana Fun	I
4.	Ogbe Roso	I	71.	Ogunda Biode	I
5.	Ogbe Bara	D	72.	Ogunda Yeku	I
6.	Ogbe Kana	I	73.	Ogunda Wori	I
7.	Ogbe Yono	D (Ogunda)	74.	Ogunda Juani	I
8.	Ogbe Sa	I	75.	Ogunda Kana	D
9.	Ogbe Tumaco	D (Otrupon)	76.	Ogunda Trupon	I
10.	Ogbe She	I	77.	Ogunda Tetura	D
11.	Oyekun Nilogbe	D	78.	Ogunda She	I
12.	Oyekun Dí	I	79.	Ogunda Fun	D
13.	Oyekun Biroso	D	80.	Osa Lofogbeyo	I
14.	Oyekun Juani	I	81.	Osa Wori	D
15.	Oyekun Bara	D	82.	Osa Juani	I
16.	Oyekun Kana	I	83.	Osa Bara	D
17.	Oyekun Tecunda	D	84.	Ika Wori	I
18.	Oyekun Bika	I	85.	Ika Di	D
19.	Oyekun Birete	D	86.	Ika Roso	I
20.	Oyekun Pakioche	I	87.	Ika Juani	D
21.	Oyekun Fun	D	88.	Ika Bara	I
22.	Iwori Yekun	I	89.	Ika Ogunda	D
23.	Iwori Dí	D	90.	Ika Tura	I
24.	Iwori Kosa	I	91.	Ika She	D
25.	Iwori Bara	D	92.	Ika Fun	I
26.	Iwori Kana	I	93.	Otrupon Yekun	D
27.	Iwori Ogunda	D	94.	Otrupon Bara	I

28.	Iwori Bosa	I	
29.	Iwori Boka	D	
30.	Iwori Tura	I	
31.	Oddi Erbide	D	
32.	Oddi Juani	I	
33.	Oddi Sa	D	
34.	Oddi Ika	I	
35.	Iroso Yekun	D	
36.	Iroso Wori	I	
37.	Iroso Juani	D	
38.	Iroso Bara	I	
39.	Iroso Kana	D	
40.	Iroso Ogunda	I	
41.	Iroso Ka	D	
42.	Iroso Tura	I	
43.	Iroso She	D	
44.	Iroso Fun	I	
45.	Ojuani Wori	D	
46.	Ojuani Ni Shidi	I	
47.	Ojuani Iroso	D	
48.	Ojuani Bara	I	
49.	Ojuani Kana	D	
50.	Ojuani Ogunda	I	
51.	Ojuani Boka	D	
52.	Ojuani Batrupon	I	
53.	Ojuani Tura	D	
54.	Obara Bogbe	I	
55.	Obara Wori	D	
56.	Obara Juani	I	
57.	Obara Kana	D	
58.	Obara Ikasica	I	
59.	Obara Tura	D	
60.	Obara Kete	I	
61.	Okana Yekun	D	
62.	Okana Roso	I	
63.	Okana Bara	D	
64.	Okana Ogunda	I	
65.	Okana Sa	D	
66.	Okana Ka	I	
67.	Okana Trupon	D	

95.	Otrupon Koso	D
96.	Otrupon Bara Ife	I
97.	Otrupon Kana	D
98.	Otrupon Ogunda	I
99.	Otrupon Tauro	D
100.	Otrupon Birete	I
101.	Otrupon Balofun	D
102.	Otura Niko	I
103.	Otura Yekun	D
104.	Otura Dí	I
105.	Otura Roso	D
106.	Otura Juani	I
107.	Otura Bara	D
108.	Otura Ogunda	I
109.	Otura Sa	D
110.	Otura Ka	I
111.	Otura Otrupon	D
112.	Otura Tiyu	I
113.	Otura She	D
114.	Irete Untelu	I
115.	Irete Yekun	D
116.	Irete Yero	I
117.	Irete Lazo	D
118.	Irete Juani	I
119.	Irete Ka	D
120.	Irete Batrupon	I
121.	Oshe Nilogbe	D
122.	Oshe Wori	I
123.	Oshe Niwo	D
124.	Oshe Bara	I
125.	Oshe Kana	D
126.	Oshe Ogunda	I
127.	Oshe Sa	D
128.	Oshe Ka	I
129.	Oshe Tura	D
130.	Oshe Bile	I
131.	Ofun Yekun	D
132.	Ofun Bara	I
133.	Ofun Bile	D

Debemos decir que esta Atena completa la Ikoko y es imprescindible. En algunos casos por problemas de espacio dentro del recipiente, se ha tefado y rezado la misma en el Até y mas tarde se ha vertido este Ache sobre la cazuela. Pintada la Ikoko se enciende una Itaná y se da inicio al montaje, se da un Ayakua, Osadié Keke Meta sobre la firma del Dueño del Monte y sobre los 4 puntos cardinales. A continuación se completa el servicio con Otí, Bebida Ritual, Vino Seco, finalmente: Eku, Eja, Awado untados con Epó, Oñí, y se finaliza con Humo de Acha. Se pide permiso a Olofin, Olorún y Olordumare, a Orula, a Shango, a Olokun, y al Ocha Eleda del Awó para comenzar el montaje. Lo primero que se pone sobre la firma del Dueño del Monte es el Feto de Ayakua, sobre el que se ha firmado un 4 vientos, sobre la firma se coloca el Otá Ozain y alrededor las 7 Piedras del Río, al norte de estas la Odu Ara ó en su defecto una Ota de Shango que come con la Elerí del Awó.

Nota:

Algunos Awos de la rama que fueron paleros, firman además con cuero de Ounko (ó Meme) para ellos, de aproximadamente el tamaño d una caja de cigarrilloos con tinta mojada sobre el paño verde en el que se envuelve un Ota (Matari) del monte, y 7 aches tomados de este y preguntados, y se le da de comer a Gurunfinda silvandole en un lugar del bosque junto al xxxxx es de un xxxxx ó Ñame Asado y aderezado con Jutia, Awado y Eja, Oñi, Otí, Champan y Vino Seco. Se dejan además en el lugar unas monedas. A esta xx llamar xxxx el Fundamento por su condición de palero y en xxxx de respeto a esta. xxx xxx de la Ikoko, el "Macuto" de piel de chivo cosido. A su llamado y a conveniencia, se llama a Gurunfinda y este responde.

A continuación se prepara un Maruto pequeño de cañabrava al que se le hara un hoyo por un lado xxx xxx xx xx una carga generosa de azogue, arena y agua de mar, posteriormente se taponea con cera, y se coloca sobre el un espejito que remata la Obra. Igualmente, cerca de este tributo se coloca una oración del Justo Juez (Hombre) y en el lado opuesto, una de las 7 Potencias Africanas. Alrededor de las Otas, las 7 monedas de Países diferentes y Opolopo Owó, la Piedra fina, La Plata, el Oro, se colocan 21 mates, 21 peonias, 21 Guacalotes, 21 Atare de Guma, Ewe Pica Pica; y asi todas las semillas de que se dispongan.

Se coloca al sur del Fundamento una Igba ó una Taparita que contenga Moddun Eri Eggun, y partes representativas de todo el cuerpo debidamente rayado y reducido a polvo y relleno con Inle de Oya, Ile de Bibijaguero y una carga de Azogue, se lava y se coloca a su lado un Omituton macho y Tinshimo Meyi, además de un Okokan de Okuní. El Omituton va cantado. La Tinaja va firmada con el **Signo Otura Niko**, sobre todo el universo se riega Eru, Osun, Obi Kola, y Ache de Orula, después se diseminan trozos de Ina por toda la Ikoko, sobre todo en los puntos cardinales. Al norte un Imán, aunque *deseable seria la conocida Piedra Imán Ofa. Se coloca sobre un Oshosi apuntando hacia el norte y alrededor de todo, es deseable.*

- *Limalla de todos los metales.*
- *Se disemina por toda la superficie Bogbo Ileke lavados en Omiero.*
- *4 Plumas rodeando la Piedra Fundamental.*
- *En el Norte, Este, Oeste y Sur; 4 Atados de Moruro, Ewe Pata de Gallina e Iye de 7 Palos preguntados, disueltos en Efun y Cenizas, quedando de esta forma llenas todas las esquinas del Fundamento.*
- *Sobre todo esto se riega Ashe Ine Erupa (Ceniza)*

Se comienzan a colocar todos los animales de la siguiente forma:

- *El Zun Zun al Centro, y a su alrededor las Aves de Rapiña, después las Aves Cantoras, y después las Domesticas.*
- *Alrededor de todas las Aves, las Alimañas, Invertebrados.*
- *Al Noroeste Leri de Aya, al Nordeste Lerí de Ologbo.*
- *Sin orden especifico, irán los animales y Otases que sean xxx xxxx, que por el Oduns de Ifá (Astral que le corresponda al Montaje).*

Sobre lo anterior se colocan las raíces, los bejucos, las lascas, rodajas ó iye, sobre estos el machuquillo del omiero y finalmente tierra de bibijaguero, lo cual se compara con las marcas de los xxxxxx principal, dándole asi xxxxx al Fundamento. Por ultimo sobre esta tierra se derrama la virtud del agua, que viene a ser una mezcla de al menos 9 de ellas, de lluvia, de río, de mar, de estanque, de zanja, mineral, bendita, de coco, de pozo, etc.

Solo entonces se hace la llamada a Ozain a la Ikoko con el rezo y suyere, que posteriormente explicaremos. A continuación se le da Obí a la Ikoko, y se le da Eyebale de un Akuko Grifo; se cubre con Jutía, pescado ahumado, maíz tostado, untados con epó. Se le xxx oñí y de la xxx una xxxx rociada de bebida de ozain, vino seco y humo de tabaco. Se tapa con un Paño Blanco, se coloca encima un crucifijo que se xxxxx xxxx, se deja prendido toda la noche. El Crucifijo elemento totalmente Católico se deja sobre xxxx xxxx xxxx xxxx xxx xxxxx xxxxx el siguiente xxxx xxxxx xxxx xxxx xxxx.

La segunda ceremonia comienza prendiendo atana meta, ya la espiritualidad de Ozain y Eggun estan en la Ikoko. Las velas se disponen al norte, noreste y noroeste, se le da obí al Fundamento después de Moyugbar y hacer el rezo y llamado completo a la ikoko, dándosele cuenta que se va a efectuar sacrificio de eyebale de eyele meyi, con las que se limpian previamente a los oficiantes, y al Awó fulano de tal "Eboada". Se arrodilla al que esta recibiendo y se le entrega un abé ó un obe (Cuchillo), debiendo hacerse el mismo una cortada en la yema del dedo pulgar de la mano izquierda, lo suficientemente profundo para que ofrende sobre el fundamento. Al mismo tiempo que el Awó debe pedirle al Orisha, mientras fluye la sangre, para que lo reconozca como Oluozain, y que le de su Ache, Fuerza de Inteligencia, y que lo proteja del Mal a el, y a su Familia. Este acto consagratorio se explica con el razonamiento de que Ozain no nació de nadie, sino de si mismo y asi harán sus hijos. Se complementa la ceremonia cuando se le entrega al Awó una Braza de Ina (Carbón Encendido) prendida que debe sostener entre sus manos mientras reciba la petición de Ozain de que lo considere Dueño de esa Ikoko, y en lo sucesivo viva para siempre.

Se pone de pié al nuevo Ozainista y se le entrega una Ayakua Keke viva, la que debe poner sobre el Fundamento poniéndole la tapa encima. A continuación se cementa el borde en presencia de el dejándole incrustados alrededor un Ileke Ozain. Xxxxx la cadena de Ozain de 7 elementos, 7 cauris, espinas de Ayua y lascas de Moruro. Se decora la Ikoko con Bogbo Ajuju de Eiye preguntadas de Etú, Akuko, Owiwi, Alakaso, etc. Si antes de esto, al dársele Obí Ozain contesta que falta algo, eso pueden ser:

- Algo relacionado con el Awó que recibe. Puede ser un Ataco de Paja de Maíz con la Plantilla de los Pies. La Plantilla de las Manos. Pelos de todo el cuerpo, uñas de las manos y pies molidas, la medida de la cabeza y el alto del Awó, todo esto con un Paño Rojo con el Sudor del Cuerpo, recogido con el gollado con cera caliente. Se firma con la Firma de Desenvolvimiento.

- Algo relacionado con un Orisha del Monte: Eleggua, Oggun, Oshosi, 1 Piedra, 1 Achaba, 1 Flecha, etc.; o algo relacionado con otro Orisha ó con Eggun.

- Pudiera ser un Inshe preguntado con el nombre de los principales Arayes, con Bogbo Igui, Hilos, etc. Para su control definitivo a través de la Ikoko.

Nota:

Tras Ozain coger algo se le pregunta nuevamente si Otan, hasta que Eboada.

Finalmente el Awó que recibe se postra ritualmente primero ante el Fundamento y sus Atributos, y después ante su Padrino que lo levantara diciéndole:

Awawato Sodide Agbe Omo Ozain Maferefun Shango, Iboru, Iboya, Ibochiche.

Se incorpora al Awó, y se coloca frente al Padrino y al lado del Fundamento, se le preparan las manos con Epó, Bebida de Ozain, Otí y Vino Seco, el Padrino le da la Ikoko para que la tome a la vez que le ordena que se quede parado solamente sobre su pie derecho. Todos los Oluozain presentes le dan el Ache al Fundamento y se le ordena al Awó girar sobre si mismo (con la pierna izquierda recogida) a su derecha 3 veces. A la vez que se le entonan los Suyeres de Ozain. Al concluir pondrá sobre el Fundamento en el suelo; del pecho el lado izquierdo y la oreja del mismo lado. **Fin de la Ceremonia**.

No obstante, no ha concluido todo. Se deja reposar a Ozain unos momentos y después se le pregunta donde se entierra, pudiendo ser:

- *Nigbe (Manigua, Monte, etc.)*
- *Al pié de un Arbol Fuerte /Juaguey, Algarrobo, Laurel, etc.)*
- *En el Cementerio*
- *Junto a la Línea del Ferrocarril*
- *Al pie de una Palma*
- *Un Terreno sembrado, etc.*

NOTA IMPORTANTE:

Todas las ofrendas de Eyebale hechas a Ozain las recibe el Fundamento del Padrino también. La Ceremonia para enterrar es sencilla, se abre un joro joro, se rocía con Otí, Bebida de Ozain, Vino Seco, etc. Se le adiciona Eku, Ejá y Awado. Se coloca a Ozain y a los Atributos dentro del Hueco, se le da una Eyele dejándole la cabeza dentro. Las alas extendidas sobre la cazuela. Se le da Obí al Joro Joro dejándole adentro un Tabaco encendido. Se saca un Viernes y se le da entrada en el Ilé con un Akuko.

Este capitulo merece una muy importante nota, concerniente a la elección y colocación de Eggun, Omotitun, Tinshono y Okokan de Okuni. Ante todo cada una de estas piezas deben ser frescas, es decir que sus dueños no hayan sido objeto de fallecimientos suicidas , trágicos, etc.

El Eggun se pacta directamente en Ile Oya. Allí se le ofrenda el Servicio Completo, y se le reza:

Ago Bogbo Oluozain Beku Timbelese Olordumare Eke Orun Ayona Enile Kue Toniari Omolofin Itte Mimo Loduafawe Ebareno Nilawere Timba Ozain.

Esto significa aproximadamente:

Tu oíste que no soy yo quien te llama, sino todos los Oluozainistas que están en el Mundo de la Verdad. Así que vamos, que te necesito para lo Bueno y lo Malo que se me presente en la de xxxxx. Si dice que sí, que es el, se toma la presencia conjuntamente con 4 puños de tierra de la cabecera y los pies, invocando el nombre del difunto diciéndole en voz baja, que es para reforzar un Ozain, en nombre de todos los Oluozain fallecidos y que están al pie de Olofin. Ceremonia afín lleva la colocación del Omotitun en la Ikoko, de los 2 Tinshono y del pedazo de Okokan Okuni, aunque provengan de diferentes fuentes.

A Omotitun se le reza al colocarlo:

Ozain Orun Adike Ariyo Lara Omotitun Ariyo Lodi iomati Adike Arayo.

Todo esto se cubre con hojas de Frescura, Hierba Buena ó Albahaca, etc.

ATRIBUTOS COMPLEMENTARIOS:

Los Atributos deben ser lavados y montados con la Ikoko y los Fundamentales son:

1. ***BACULO O BASTON DE OZAIN.*** *Esta hecho de Caña Brava y la Corona de la Cabeza de una Lechuza tallada en madera de Dagame. La carga va en el primer Canuto y Ile de Lerí de Owiwi, 1 Zun Zun entero, Cernícalo, 21 Ewes, 21 Igui fuertes. Se le da Eyebale de Eyele Meyi arriba de la Ikoko, dejando las Lerí dentro de esta.*

2. ***OSUN DE OZAIN.*** *Lerí de todos los pajaros que cantan y de rapiña, tiñosa, lechuza, gavilán, gallinuela. Lleva un Murciélago (Adán) entero, Cernícalo entero, 21 Ewes, 101 Palos Fuertes, 1 Camaleón, Eku, Ejá, Awado, Ero, Osun, Obí Kola, Obí Motiwao, 4 Plumas de Loro, Lerí de Akuko, Etú, Ayakua, Akuaro, Zun Zun, Tierra de Aragba, de Coco, de Palma, de Cangrejo, y Semillas de Maravilla.*

3. ***EL AVERO DE OZAIN (TINTILLERO).*** *1 Moddun Erí Eggun de la Ikoko, 1 Adán, Lerí de Akuko, Iye de 101 Palos Fuertes untados con Epó, Juju de Opolopo Aiye, que se preguntan. 1 Lagartija, Epó Eweye, Ojuero. Al montarlo se le hace la siguiente llamada:*

Muz Muz Dekuz Ella Sus Abiku xxxxx xxxxxx Awo su Tintillero Coniza Ibo Amawa Filani Amawa Bogbo Ewe Teniwe Loko Piwe Fumawe Ayerda Kere Okokan Emi Oya.

4. **AGBORAN DE OZAIN.** *1 Mate, 1 Guacalote, Lerí de Alakaso, Moddun Lerí Eggun, Iye de 101 Iguis, 1 Ojo y Lengua de Guabina ó de Pez de Conveniencia de Río y de Mar, o se pregunta si los peces surtidos son piezas de peces de Río. Se le debe dar una Adié Grifa a la orilla del Río antes de montarlo. Se le da junto a la Ikoko. Su llamada es : Iku Kuegan Agboran Kuegan.*

5. **IKOKO NI SHISHEREKU.** *Fundamento Guardiero Complementario.*

Carga de la Ikoko: 1 Ikoko Keke Honda, 4 Anzuelos, 1 Ota de Arroyo Dun Dun, Lerí de Eggun Mokekere, Inle Oya, Inle de Orilla de Arroyo, Inle de Tumbas Mokekere, 1 Piedra de Imán, 1 Isale de Ewe Erán, Iguana, Sacu Sacu, 1 Alacrán, 1 Araña Peluda, 9 Lagartos, Tela de Araña, Mierda de Gato, Mierda de Perro, 21 Eweriyeye, y Lerí de Eyo (Maja), Precipitado Rojo, Lleva Igui Palo Vencedor, Amansaguapo, Guao, Guayacan, Jocuma, Acana, Aroma, Yaya, Vence Batalla, Tocino, y Cambia Voz.

Ewes: Ortiguilla, Ejese, Alacrancillo0, Aji Guaguao, 21 Atares de todos los tipos, Inle y Ota de Nigbe, Millo de Escoba, 1 Eyo y 1 Sapo Completo.

Para cargar la IkokoNi Shishereku, al igual que los Awonas Shishereku, se hace un Viernes. Se cogen los 4 Anzuelos y se amarran formando los 4 puntos cardinales, con la Isale de Ewe Erán en el centro, se coloca la Lerí de Eggun Mokekere, encima de la Piedra de Imán y a los lados las Otas del Monte y del Arroyo, Las Leri y demás ingredientes y las Tierras sobre est5o.

Lleva 6 Awonas Shishereku, que son muñecos de palo Ramón con un hueco en la cabeza para la carga, la cual es: Lerí de Eggun Mokekere, Eyo, Owiwi, Alakaso, Carbón de Ozain, Ewe Eweriyeye, Eku, Ejá, Awado, Atare Guma, Sacu Sacu. Además Inle de 6 Tumbas de Mokekere, de Arroyo, de Monte. Todo esto se hace Afoshe y se reza en el Tablero de Ozain con los siguientes signos:
Ojuani Shobi, Ojuani Meyi, Otrupon Ka, Ogunda Meyi, Ojuani Pokon, Otrupon Meyi, Irete Untelu, Irete Kutan, Irete Lazo, Oragun y al final de nuevo se coloca Ojuani Shobi, y Ojuani Meyi.

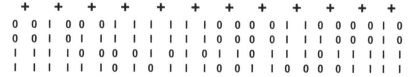

Después de cargado se lava la cazuela y los Awonas, frente al Ikoko de Ozain se le da un Akuko Grifo y se tapa con un paño negro. Se enciende una Atana a las 12 de la Noche. Por último, una parte de extremada importancia es, y volvemos atrás, el rezo para la llamada del montaje de la Ikoko de Ozain.

Rezo de la Llamada: *Erinshe Iwe Tinshewo nishawe Beke xxxx Omodue Tobarishe, Tobarishe Ayanda Kere Askokan Eru Oya Ozain Ewe Yeye.*

Suyere: *Ababó Ababó Oni Awó Ke Ansome Unto Ozain Oni Awo She xxxx Okan Shoreshore.*

<u>**Nota**</u>:

Este rezo y suyere es valido también para el montaje de Inshe Ozain (Resguardos) y trabajos en general.

SALUDO A OZAIN ANTE LA IKOKO Y EN EL MONTE :
(Debe hacerse sin Apoyar la Pierna Izquierda).

- *Ozain Kuelese Okan, Kuelese Meyi, Eti Okan, Oyu Okan, Nikaferefun Ozain.*
- *Ozain Agguenniye Gwagwado Kini Kini*
- *Ozain Agguenniye Lese Coyulese Mellile Cucuru Tibi Tibi Aguadillera Babami. Sagre Kere Gueye. Ozain Ibu Alonna, Ozain Agguenniye. Ozain Akkara Meyi, Ozain Akkara Jeri Jecu Jecua Jerí.*
- *Ozain Agguenniye Sinse Akelesi Niye Ebo Dupue Fiedemu Baba.*
- *Ozain Aunko Adde Olofin Nile Adosana.Aluwayo Aboalawa Olokun Laburu Alowa Inshe Odara.*
- *Ozain Kuelese Meyi Enini Bi Aba Osiasaye Ibuosa Okuni Okuni Osawa Kuiniwaye.*
- *Ibori Kuelese Kan, Kuelese Meyi, Erini Onatori Shango Nisha Taboremi.*
- *Inshe Oyonda Ewe Yeye Ona Abuketatanle Ewe Niyi Tbi Lawedi Yere Shakere Kere Maye Meye Elese Kan Meye Elese Awó.*
- *Orugbo Wan Waroloko Lona Bogbo Ewe Ayuba.*

Arrodillado sobre la Rodilla Derecha se le dan Golpes en el Suelo y se dice:

- *Baba Ozain, Bogbo Abeno Shakuta*
- *Baba Ozain, Bogbo Abeno Shakuta*

- *Baba Ozain, Bogbo Abeno Shakuta*

A continuación ya estamos listos para comunicarnos con Ozain, incluso en el Monte. Cualquier ceremonia solo es factible a partir de este llamado.

SUYERE PARA DAR EYEBALE A OZAIN:

Ozain Kuiniguaya, Yeye, Yeye Eyebale de Karo, Eye, Eye Eyebale de Karo, Shibaro Karoyo Eyebale de Karo. Shibaro Karoro Eyebale de Karo. (Esto es cuando se le sacrifican Akuko, Eyele, etc.).

Si se trata de Ayakua (Jicotea) se le canta:

Ayakua Eleueko Osizain, Eyebale de Karo, Yeyo Yeyo, etc.

PRINCIPALES FIRMAS. GRAFOLOGIA DE OZAIN. USO PRACTICO.

En el comienzo del Trabajo con el Fundamento de Ozain, llegamos a quizás la parte más importante, pues es el verdadero medio que posee el Ozainista para la comunicación con el Orisha y materialización de lo que necesita, es decir que la firma representa la ejecución de los Trabajos del Sacerdote de Ozain. Estas son muchas y marcan determinados intereses y se clasifican en:

- *Las que utilizaremos para beneficio propio, de determinada persona.*
- *Y las usadas con el animo de destruirlo, confrontar con personas que se consideran enemigas.*

En este ultimo caso es indispensable saber lo que se hace con ellas y hay que hacer después de utilizarlas, porque a menudo su uso indiscriminado resulta nefasto.

Desordenadamente, atrasa la acción de un Fundamento hostigar a una persona. Crearle dificultades no debe nunca responder al mero instinto de hacer el mal. Hacer algo de esta envergadura debe responder a la Etica de la Defensa Permitida, la del castigo merecido y consultado. Debe ser la ultima opción y siempre debe ser una respuesta, y no una acción inicial. Pedimos a las Personas Facultadas una Reflexión y Meditar siempre si es la Unica alternativa. Hagamos Bien y el Mal Justificado Pensadamente. Recuérdese que cada persona tiene su Osha Eleda, Su Guía Espiritual, sus Protecciones y estos junto a Olofin son Arbitros Implacables.

Después de cada acción de Ozain debemos preguntar que hacemos para protegernos, no solo nosotros, sino a nuestros familiares, nuestro Ilé y nuestro Prestigio.

Regularnente el método mas usual es Firmar en el Suelo ó sobre Papel de Estraza, lo que se va a Ofrendar a Ozain. Delante de esta Firma de lo que se quiere lograr, sobre esta una Igba ó Tinaja destinada a estos menesteres, cuyo fondo pudiera tambien estar Firmado y donde se ponen los ingredientes de la Lampara, y su elemento luminario (Atana ó Recipiente de Aceite), o en su defecto el Inshe o trabajo debidamente confeccionado y que esta después de Arrear, se colocara dentro de la Ikoko. En nuestro caso ponemos cercano a la Igba delante de Ozain y el Agborán, y debajo del que además asignamos un Trazado a la Firma.

En el suelo debajo de esta se extiende sobre la firma una fina línea de Etubón (Pólvora), de modo que salga por el Norte de esta, por debajo del Agboran y de la Lampara. Delante de este 21 Palos (Iguis) se colocan cercanos unos de otros.

Se invoca al Orisha y a la acción del Eggun Fulano de Tal y que acompaña al Fundamento, Se le rocía Chamba (Bebida de Ozain) abundante, Otí y humo de Tabaco, golpeando con un Machete a ambos lados del Fundamento mientras se hace. Cuando se considera que el Orisha y el Eggun estan impuestos de las tareas que acometerán, con un Tabaco prendido ó una Atana se prende el Etubón desde atrás en dirección a la puerta de la calle. Ellos sabrán orientarse, sobre todo si se ha trabajado con Rastros y si preferiblemente se ha colocado en el lugar donde se quiere que surta efecto un Inshe envuelto en Cera con Afoshé y la Rayadura de un Eggun Obsesor, que previamente fue presentado a la Ikoko, cuyo nombre se conoce y parte de el se ha dejado retenido al pie del Fundamento. Este Arreo es casi Mortal cuando se efectúa Martes ó Viernes entre las 12 de la Noche y la 1 de la Madrugada. El Oficiante lo hace completamente desnudo. Algunas personas se enmascaran. Este Arreo, se repite semanalmente durante 21 días (Es decir, a los 7 días, a los 14 días, y a los 21 días). Al cabo de este tiempo se le da camino (Tumba Abierta, Prisión, Hospital, etc.).

Nota:

Remitirse al Anexo Gráfico al final del Documento.

NOTA FINAL AL CAPITULO.

Los Trazados ó Gráficos abarcan una amplia gama de posibilidades, teniendo en cuenta que a una misma obra le pertenecen diferentes Firmas e incluso al Trabajo Cruzado con la Regla Kimbisa. Se considera que en el Oddun de Ifá Ojuani Alakentu nace todo esto. Todo lo que se convenie previamente en este sentido pudiera soportar resultados satisfactorios. En tal dirección es bueno apuntar que no es por coincidencia que algunas firmas de ambas tendencias Ozain y Kimbisa de Santo existieron y son similares.

Al inicio de esta materia hablábamos del carácter de trascendencia desde un punto de vista territorial de Orisha, de su paso nómada por las diferentes tierras como permanencia de Ozain. Como concepto universal de todas las culturas (Yoruba, Congo, Arará, etc.).

Por otra parte las Firmas son utilizadas y las obligadas en el Inshes (Resguardos) y en este particular señalados que los distintos Inshes hacen nacen en los Signos ó son hijos de necesidades de la persona ó que se le entrega, con tal motivo al confeccionársele se debe buscar el Patrocinio de determinada Entidad y hacer que el mismo nazca a partir de ellas. Es por eso que los ingredientes que componen de forma clásica el Inshe pudieran no cerrar para una determinada persona y por tanto pueden ser confeccionado con indicaciones del Orisha para el uso particular que nos ocupa.

SIETE (7) INSHE OZAIN PROBADOS.

1. INSHE OZAIN PARA JUSTICIA:

Se toma la Lengua de un Chivo y se corta al medio a lo largo, de manera tal de separar la lengua en dos partes, dentro se introduce un Trozo de Papel de Estraza con los Nombres y Apellidos de las Personas que tienen que ver con el Interesado. Dicho papel se escribe con lápiz (Los nombres, sobre estos nombres se coloca la Firma con la que escogió Ozain) en Creyón Rojo; ese papel va firmado por ambas caras. Se puede usar también Tinta China Negra. Se embadurna el papel con Manteca de Corojo y se introduce doblado dentro de la Lengua, se cierra y se atraviesan con 7 Aberes (Alfileres). Alrededor de esta "Macuto" se colocan Lascas finas de 7 Palos como sigue: Dominador, Justicia, Cambia Voz ó Raspalengua, Pierde Rumbo, Tapacamino, Jaguey, Yo Puedo Mas Que Tu, Ayua (Si son las Espinas Mejor). Todo se entiza con Hilos de 7 Colores amarrando hacia uno. Se introduce dentro de 2 hojas de Malu, como si se estuviera armando un Tamal, y se anuda en la punta. Este se introduce en un Jarro de Cera caliente. Se le da Eyele a Ozain con Atana Meta. La Lerí va dentro de la Ikoko, se abre en la misma un agujerito con un cuchillo y se introduce el atado dentro de la Eyele. Esto quedara 3 días sobre la Ikoko, rogandosele diariamaente, al cabo de los 3 días (y preferentemente el día antes de Juicio, se lleva a un Paraje apartado y se le pone sobre la copa de un arbol ó amarrado a una de las ramas de este. Allí se le ruega a Ozain. Finalmente se deja en ese lugar, si el Inshe contiene fotos, rastros, etc. También tendrá mayor efectividad.

2. INSHE OZAIN PARA HACERSE INVISIBLE A LOS ENEMIGOS.

En un pedazo de papel de estraza se escribe con un lápiz el nombre de las principales personas Araye, sobre esto se firma Domino de Voluntad y al Dorso Aleja, por ambos lados se Firma Enemigos, y se embadurra el papel en una mezcla de manteca de corojo y aceite de amansaguapo, que se obtiene friendo Iye del palo. El Papel embadurnado debe envolver astillas de Palo Diablo, punta xxxxx, Cambia Voz, Aroma, Darabu, Dominador y Bejuco Jicotea. Se introduce dentro de una Botella Negra que contenga Tierra de Encrucijada, de 7 Calles, de 4 Esquinas, y un Ciempies. La Bolsista se cose xxxxx. Se toma tierra de las 4 esquinas y de la puerta de la casa, y se mezcla con borra de café, Limayas y Ewe molida de cualquier enredadera. Todo se coloca en una Igba que tenga firmada el centro y las 4 esquinas. A esta Jicara se le da una Eyele delante de Ozain, con una Atana en el centro. La cabeza va adentro de la Ikoko. Se ruega a Ozain durante 3 días, al cabo de los cuales se mete dentro de una Igba con Cera y se entierra en el Monte el Día de una xxxxx.

3. INSHE PARA DESTRUCCION DE UN ENEMIGO.

Carga:

- *Tierra y Ewe crecida en Ile Oya.*
- *Tierra y Ewe crecida en un Hospital.*
- *Tierra y Ewe crecida en un Lugar de Justicia (Juzgado, Tribunal, etc)*
- *Tierra de Asesinato ó Tragedia Grande (Incendio, Choque, etc.)*
- *Tierra de un Derrumbe*
- *Tierra de una Casa en Ruinas ó Abandonada*
- *Tierra con el Nombre de 7 Tumbas Abandonadas*
- *Tierra de donde se pone el Sol en el Ile de la Persona (De 7 lugares del Rumbo)*
- *Tierra de la Manzana del Ile de la Persona*
- *Tierra de las 12 de la Noche*
- *Tierra de la 1 de la Madrugada*
- *Tierra de Pelea entre Animales ó Personas*

En un papel de estraza con los nombres de 7 Enemigos de la persona. Se colocan adicionalmente Ají Guaguao, Ajonjoli, Cenizas de Cepa de Plátano, un Puñado de Comegen de Mata, Iye de Arbol Caído y de Arbol Hueco, Ofoshé de Lerí de Eggun pactado, Aceite de Alacrán, Aceite de Araña y de Eyo (Maja), raíz de Anamu, Pica Pica, Guao, Pimienta, etc.; Precipitado Rojo, Piedra de Azufre, Rastro de la Persona ó papel de estraza firmado (con lo que pida), Trozo de Carbón hecho Polvo, Excremento seco de 3 animales, cascara de maní y 7 peonias.

Se mezclan bien y se prepara la carga, reduciendo a polvo. Se ruega delante de Ozain durante 7 días con el nombre adentro y el papel de los enemigos también. Se deja un poco para Ofoshé. Se firma una tela blanca, con todas las firmas Osogbo (Guerra, Araye, Akoba, etc.), estas tambien irán en papel de estraza dentro de donde se coloca la carga.

Se hace un muñeco con cara de hombre ó mujer según sea el caso y se carga. Antes de cargarla se le da una Adié Grifa a Ozain ó un Akuko Grifo, la cabeza se seca y se junta con el Ofoshe y un poco mas de Ofoshe Eri Eggun pactado todo polvo. Se le agrega más pimienta y cascara de Ajo machacado. Se escribe de nuevo el nombre de la persona y se firma en un papel que va prendido a la cabeza del muñeco con 7 alfileres, cubierto con una capucha negra con 7 tiras de diferentes colores. Durante 7 días se ruega a Ozain con Atana Okan, después de las 6 de la tarde (Debe comenzar un Viernes). Tambien durante 7 días se echa el Afoshe en la casa de la persona. Al día 7, se introduce el muñeco en una Tinaja de Río y se le da Eyele Meyi con Ozain. Se saca la Tapa de cemento y se Arrea. Se le prende una Atana al revés con el nombre de la persona y se le da camino al Inshe (Iku Ilé). La Atana se parte en 4 pedazos y se va al mismo camino.

4. **INSHE KOSI ARO.** *(Ebbo Anual ó Awan Nigbe Ozain)*

Se carga una Bolsa de Saco de Yute con los siguientes Ewes:

1. *Cundeamor*
2. *Apasote*
3. *Ateje*
4. *Zazafras*
5. *Alacrancillo*
6. *Escoba Amarga*
7. *Caisimon*
8. *Piñon de Botija*
9. *Diferentes Tipos de Albahaca*
10. *Aguinaldo Blanco*
11. *Ewe Algodón*
12. *Corteza de Corojo*
13. *Jutia, Pescado, Maíz Tostado*
14. *Opolopo Juju Eiye*
15. *Ache Orula, Efun*
16. *Manteca de Cacao y Corojo*
17. *Todo tipo de Granos (Incluso Arroz)*
18. *Una Piedra Alcanto*
19. *Un Imán*
20. *Bogbo Ilekes (Cuentas)*

Se llena la Bolsa y se Cose.

Un viernes después de las 6 de la tarde se enciende Ozain, se hace la llamada, invocación y saludo (Primero se Moyugba). Se pinta una Atena para Aldimu Eggun como sigue:

■ *Se hacen 3 círculos concéntricos. Exterior con Oñi, Central con Efun, y Interior con Epó. En el centro se firma en el siguiente orden, y de derecha a izquierda: Oshe Tura, Otura Niko, y Iroso Umbo.*

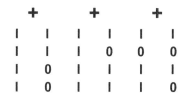

```
  +     +       +
|   |   |   |    |   |
|   |   |   0    0   0
|   0   |   |    |   |
|   0   |   |    |   0
```

- Se Moyugba a Bogbo Eggun, y se le da cuenta del Aldimu y de lo que se va a hacer con Ozain. Se le da Obi.

- Se le pone el Aldimu, consistente en:
  - 7 Príncipes Negros y Flores Blancas
  - Bogbo Tenuyen
  - Un Servicio de Frutas, Dulces, Caña, Pan, xxxx, Tabaco, Eku, Ejá, Awado. Todo untado con Orí, Efun, Epó, Oñi, Otyí en la Igba. Ramo de Albahaca, Hierba Buena y Frescura.

- Se hace la llamada a Ozain y se le da cuenta de lo que se le va a ofrendar, se pinta la firma del Dueño del Monte y sobre ella se coloca la Ikoko y el resto de los Atributos. Se rodea la Ikoko con las firmas, Centro y delante de la Ikoko, Ayakua y Akuko a la izquierda y a la derecha del Fundamento: Eyele.

- Se toma el saquito de Yute cargado, se limpian todos los presentes de menor a mayor. Se coloca una canasta mediana delante del Fundamento, y se coloca al Inshe al centro. Se rocía con Bebida de Ozain, Otí, Vino Seco, y humo de Acha. Se le echa por encima un puñado de Jutia, pescado ahumado y maíz tostado.

- Se le da Eyebale a Ozain de la siguiente manera:
  - Ayakua, se le presenta a la Lerí de cada uno de los presentes de mayor a menor, y se ofrenda.
  - Akuko, se limpia a todos los presente en el mismo orden y se ofrenda.
  - Eyele Meyi, Igual método.

La Leri se pone dentro de la Ikoko y los cuerpos van al Awan. Se coge un Obí por persona que se va a limpiar, y se pinta con cascarilla. Se efectua la limpieza y van al Awan. Se limpia a cada uno de los presentes por orden con una Ramo de 7 Hierbas Fuertes que hayan sido rociadas con Otí, y humo de Tabaco. Se pone en la Canasta (Awan).

Finalmente se colocan en el Awan 7 Frutas, 7 Viandas, Hortalizas, etc. Se cierra el Awan con Jutia, pescado ahumado, maiz tostado, Efun, Chamba, Otí y Vino Seco. Se despide completa.

Nota:

Las Hierbas de Sarayeyeo son: Paraiso, Ojbo, Alamo, Rompesaraguey, Jaguey, Prodigiosa y Salvadera.

En todas las limpiezas se canta:

"Ago Baba Ozain, Ashe Ebbo Nigbe, Ago Babami".

Se cubre el Awan con un paño blanco y el oficiante se hinca ante el Fundamento y reza:

"Ashe Ozain Babami, Ozain Kuelese Kan, Kuelese Meyí, Eti Okan, Oyu Kan, Nikaferefun Ozain, Bogbo Ewe Ayuba".

Babamí Kosi Iku
*   Kosi Aro*
*   Kosi Eyo*
*   Kosi Ina*
*   Kosi Ofo*
*   Kosi Araye*
*   Kosi Ashelú*
*   Kosi Tilla Tilla*
*   Kosi Fitibo*
*   Kosi Akoba*
*   Kosi Ona Burukú*

Ashe Baba Ire Ariku
*   Ire Ashegun Ota*
*   Ire Ona*
*   Ire Owo*
*   Owo Ile Mi*
*   Bogbo Ire Yale Tesi*
*   Bogbo Ire Otonowa*

To Iban Echu, Babami

Se le da Obí a Ozain para conocer el camino que coge, este siempre va a ser Nigbe, por lo que se le pregunta: si va al pie de un Arbol Frondoso, ó si junto al Río, al pie de una Palma, etc.

Se despide al mensajero con la carga y esto se hace con una Igba con agua y rociando Otí a sus espaldas con la boca. Este no debe mirar hacia atrás, ni hablar con nadie, no debe regresar de ninguna manera por el mismo camino y debe hacer alguna parada en algún lugar antes de regresar a su casa ó un lugar público.

El Inshe pasa toda la noche con Ozain y se bota con el Alba ó en horas tempranas de la mañana. Puede y debe completarse la obra con Ebbó Misí, ó el Ebbó que marque Orula. Este es un Inshe que purifica el Ilé y a sus Moradores, por lo que debe hacerse para Cerrar el Año, al Iniciar un Nuevo Año; en Semana Santa, después del Viernes Santo (Día que como sabemos, personas irresponsables e inescrupulosas lo utilizan para ajustes de cuentas, trabajos malos, etc.)

5. *INSHE IRE OKUNI*

Se lava un Tarro de Chivo pequeño, dentro se le coloca un papel de estraza firmado con la firma que coja, la primera por la que se pregunta es la del Dueño del Monte, puede además llevar otras, según lo que se quiera. Se unta el papel con Epó y dentro se le coloca en este orden la siguiente carga:

- *1 Carga de Azogue*
- *1 Anzuelo Pequeño*
- *1 Pedacito de Imán*
- *Iye de Tarro de Venado*
- *Iye de Tarro de Toro*
- *2 Espuelas de Akuko, cargadas con Etubón, Tierra de Bibijaguero y Azogue*
- *1 Pedazo de Lerí de Aya (Puede ser también un Colmillo).*
- *1 Pluma de Loro*
- *1 Pedacito de Oro*
- *1 Pedacito de Plata*
- *1 Piedra Fina*
- *Iyefá de Orula*
- *Si nace con Fundamento, Lerí de Moddun Eggun e Iye de marca de Elese:*
- *Afoshé de 7 Ewes preguntados (Pituko Ewe de las utilizadas en el Omiero).*
- *Iye de 7 Palos Fuertes preguntados.*
- *Efún, Orí, Epó.*

Se pregunta si se Tapa la entrada con un Mate ó con un Ikín, ó con los dos, ó si con un Otá pequeño preguntado. Si es el Angel de la Guarda de la Persona, ó si es Ozain, etc. Antes de taparlo se hace una masa con:

- *Tierra de Comercio*
- *Tierra de 4 Esquinas*
- *Tierra de 12 del día (1 p.m.)*
- *Tierra del pie de una Palma*
- *Tierra del pie de una Ceiba*
- *Tierra del Monte*
- *Tierra de una Iglesia.*

Se le adicionan 21 Peonias y en la Boca del Tarro, antes de sellarlo se insertan 7 Aberes (Alfileres) con la punta hacia afuera y 7 Ataré de Guinea.

A toda la masa se le da de comer con Ozain lo que pida ó lo que se le vaya a Ofrendar en su nacimiento. Se le pregunta a Ozain si el Inshe come nada más con el, ó si con el Angel de la Guarda de la Persona, ó si con Eleggua, etc. La comida es antes del montaje. Se pacta con Ozain y con Eggun como será atendido el Inshe en lo sucesivo. Si los viernes, y cada vez que se quiera; con perfume, Otí, y humo de Tabaco, si con Chamba, Acha, si con Vino Seco, etc.

Si Eboada la carga, se introduce la Boca del Tarro en Cera hirviendo, por lo menos 1 pulgada y media, y con esta aun blanda, se le entiza un Collar que ya previamente ha sido fijado al borde, que marque las siguientes líneas: Angel de la Guarda, Ozain, Shango, y Orula. Se sella otra vez con parafina ó cera blanca y se espera que se endurezca la cera en una nevera. Este Inshe se considera una Prenda de Bolsillo.

6. *INSHE IRE OBINI*

Se carga una Motera, un Creyón o Vanite de Mujer ó cualquier recipiente de los usados habitualmente ó la Cabeza de un Muñeco ó una Bolsa de Tela, que al final se endurece. Se deja una pestaña para prender a la Ropa ó a la Cartera. Se firma una Tela Blanca de Tamaño proporcional con las Firmas que pide encabezadas por: Eyele, Río y Mar.

En una Igba aparte, que se pone delante de Ozain se le da cuenta que es para cargar Inshe de Fulana de Tal como sigue:

- *1 Coral*
- *1 Azabache*

- *1 Piedra Fina*
- *1 Pedacito de Oro*
- *1 Pedacito de Plata*
- *Iye de los siguientes Palos y Ewes: Doncella, Para Mi, Corazón de Paloma, Guasimilla, Dominador, Helecho de Río, Framboyan, Mar Pacifico, Vence Batalla, Vencedor, Orozus, y otros que coja.*
- *Bogbo Ileke de Jemayá, Oshún y Oyá*
- *Los Corazones de 2 Palomas que sean Pareja. Ambas se le dan a la Lerí de la Persona, la cual hasta que no se le entregue el Inshe estará en Abstinencia Sexual.*
- *Iyefá de Orula, Jutía, Pescado Ahumado, Maíz Tostado, 7 Peonias y todo lo demás que coja.*

Se sella el Inshe con Cera, se endurece y finalmente se lava con Ewe de Oshun, Jemayá, por lo menos 7 Ewes. Sele da de comer un Akuko delante de Ozain, y se le entrega a la persona al pie de su Eleggua, con el en lo sucesivo comerá.

Nota:

Al margen de lo del periodo de abstinencia sexual, agregamos que tampoco durante ese periodo la mujer debe estar menstruando. Este Inshe no se da a ninguna Hija de Santo Macho, a no ser Eleggua. (A menos que su Ocha Eledá y Ozain lo autoricen).

7. INSHE OZAIN OMO SHANGO

Se carga un Cilindro de Madera de Ayúa, con un hueco en la punta y se decora con Cuentas Rojas y Blancas. La puntal final se sella con Cera.

Lleva la siguiente carga:

- *Lerí y Elese de Ayakua Tiroco*
- *1 Ojo de Buey*
- *Ero, Osun y Obi Kola*
- *Iye de Akana, Alamo, Ceiba, Ceibón Macho y Raíz de Palma.*
- *7 Pimientas Guineas*
- *Iyefá de Orula*
- *Todas las Tierras que coja.*
- *Tinshono Akuko Meyi*
- *1 Rubí Pequeño*
- *1 Azabache*

- *Todos los Ache que coja.*

Se lava todo con Omiero de Shango. Se carga el Inshe y se sella. Se decora y se le da de comer Akuko al pie de Ozain y en lo sucesivo comerá siempre con Shango.

Nota:

Lleva la firma del Dueño del Monte y las que pida. (Igualmente en Papel Estraza, untado posteriormente con Epó).

TRES (3) AFOSHES.

1. AFOSHE 1 (Ache Iré Owo).

Iye de Lerí de Etú, Iye Lerí de Eyele, Iye Tarro Malu, Iyefá Orula, Lino de Río untado en Oñí, Seco y Rogado, Efún, Ekú, Ejá, Awado, Salvadera y Prodigiosa. Todo molido y rogado en Ate. Se coloca en una Igba sobre Ozain y se enciende 1 semana. La rogación en el Ate se hace rezando los:

- *16 Meyis*
- *Oddun Ifá Foré*
- *Ojuani Oggunda*
- *Ojuani Boka*
- *Obbara Bogbe*
- *Okana Dí*

La Igba en que se coloque, se firma en el fondo con los signos de desembolvimiento y Owo. Se sopla el xxx hacia la calle. El vehículo que se utiliza es harina de maíz tostado reducida a polvo fino.

2. AFOSHE 2 (Ache Eleggua).

Machuquillo seco de Hierba Fina, Abrecamino e Itamo Real ligado con Harina de Maíz Tostado, Ekú, Ejá, Awado (Molido) que cubrió a Eleggua una semana. Todo molido y mezclado con Efún e Iyefá de Orula. Se ruega 3 días delante de Ozain. Al rogársele a Eleggua se le dan 3 Jio Jio a este y ese Eyebale va al Afoshe.

3. *AFOSHE 3 (Ache Bogbo Ache).*

Lerí de Zun Zun, Cenizas de 3 Pluma de Loro, Iye fino de Yamao, de Yaya, de Tengue, Efún, Iyefá de Orula. Para Ache Amoroso, se refuerza con Iye de Verbena, Botón de Oro, Marilope, Colonia, Palo Zemula y Canela Molida.

Nota:

Todos los Afoshes llevan una Base Rosada a base de Cascarilla y Iyefá rezado en el Tablero con los 16 Odduns Meyis, Odduns Ifá Foré, etc.

TRES (3) OFOSHES

1. OFOSHE 1 *(Para Hostigar).*

Carbón en Polvo (de Palo de Marabú, Aroma, etc.), Palo Diablo, Tapacamino, Cenizo, Ayúa, Polvo de Alacrán, Cascara de Maní, Pica Pica, Pimienta de Guinea, Ají Guaguao y Anamu de los meses de Octubre a Diciembre. Este Ofoshe se ruega con Atana Okan el viernes entre las 12 de la noche y la 1 de la madrugada (si es viernes santo mejor). La rogación se hace en Igba firmada y se le reza Oragun, Otura Yekun, Otura Dí, Oragun.

2. OFOSHE 2 *(Para Hostigar con Eggun Pactado).*

Se pacta con un Eggun Suicida, asesinado, muerto demente, muerto en prisión, etc. Se le agrega Iye de Palo Barre con Todo, Rompe Monte, Lerí de Ologbo y Aya, 1 Sapo completo Tostado hecho Polvo.

3. OFOSHE 3

A la base anterior (Ofoshe 1 y Ofoshe 2) se le agrega Mierda de Tigre, Mierda de Mono y Mierda de Pato (Todas Secas), Lerí de Akuko Grifo y Huevos de Pato, Guinea t Adié Grifa, Precipitado Rojo, Azúcar y Sal de Cocina. Estos Ofoshes, si se preparan para tenerlos guardados, lo cual debe evitarse, deben estar fuera de la casa, envueltos en un paño negro (en envases cerrados herméticamente), alrededor un paño ó bolsa de tela blanca.

Si se hace para alguien especifico se le agrega el rastro que se tenga de la persona, de su casa, de las 4 esquinas, de su Ile, etc. Además el nombre escrito en papel de estraza con la firma afín (o un compendio de las firmas Osogbo, Araye, Okoba, etc.). También se puede dar de comer a Ozain y a la Igba y esa Eyebale va al Ofoshe. Siempre se pregunta si Eboada, si no es así, se agrega lo que falte. Como norma al terminar de prepararlo o al usarlo, se debe hacer Ebbó y purificación del Ilé ó la limpieza que marque Ozain.

TRES (3) LAMPARAS.

Estas son Obras ofensivas constantes y que tienen el objetivo de castigar a personas ó de conseguir propósitos determinados (Empleo, Influencia sobre Personas, etc.). Son utilizados en tales menesteres Aceites preparados y Mechas de Algodón ó de Fibras Vegetales secas impregnadas, a veces velas preparadas a las que se le adicionan en su proceso de fabricación determinados elementos, o velas normales que se ruegan o se le adhieren papeles con nombres y firmas. Incluso existe el caso de lamparas purificadoras usadas para alejar malas influencias en lugares. Como por ejemplo: Las que se hacen combinando Aceite de Oliva ó de Comer (Una Mecha de Algodón impreganada en esta) que se coloca en el Centro de un Recipiente Metálico con Incienso, Albahaca xxxx a su alrededor. Este Aromático Zahumerio, además de Perfumar agradablemente el Ilé, tiene la propiedad de alejar a los malos espíritus y sacratizar el Ilé.

Las lamparas pueden incluso ser rogativas para el bien y la salud de las personas, como las que se hacen a partir de Aceite de Almendra, Manteca de Cacao y Hierbas de Obatalá preguntadas; como son: Aguinaldo Blanco, Albahaca Anisada y Algodón (El Ewe) y que se han secado después de haber sido rociadas con Agua Bendita.

En el presente material nos ocupa el uso de otro tipo de lamparas con objetivos más definidos. Como regla general se prenden después de la 6 de la tarde, si es posible un viernes y se hace colocando una Igba firmada, o una cazuela de barro o de hierro, igualmente donde se hayan trazado las firmas necesarias, al centro y sobre las firmas se pone la fuente luminosa ó la vela y a su alrededor los inshes ó ingredientes (comidas o no) de la obra en cuestión.

Todo esto se hace después de haber prendido a Ozain con Atana Meyi, y al final se arrea regularmente en Igba, aunque este firmada en su interior, se coloca sobre una firma al igual con la Ikoko de Fundamento, lo que pudiera darnos un resultado como sigue:

1. *Ozain sobre firma de Akuko Shashera, que es lo que va a comer.*
2. *Firma de Interior de la Igba (Araye)*

3. *Firma en el Suelo , sobre el que se pone la Igba; Akoba (Este en Azufre, Carbón ó con Efún, pero cubierto de Etubón).*

De aquí se obtiene que se ruega a Ozain con los ingredientes "X" para crear Araye y Akoba a la persona "Fulana de Tal" (Que se encuentra dentro de la Igba en un Inshe). Además puede rogarse el Ofoshe que se soplará. De todo esto se infiere que al Arrearse la Lampara tendrá efectos extremadamente destructivos. Esta se deja encendida y se puede arrear cada vez que se quiera ó cuando lo indique el Fundamento. Recuérdese que para Arrear se utiliza la acción del Eggun del Fundamento, cobrará la presencia física de un Eggun pactado especialmente para estos menesteres. En este caso de que lo capturen, no dejara la Ikoko "XXX", además si el hablara, no diría nunca su procedencia por desconocerla. Recuérdese que este no se va a buscar a titulo personal, y que se pacta con el mismo. En ocasiones que lo requiera, se hace un Tiro simultaneo con 1 ó 2 Fundamentos amigos, al igual hora, y en la misma fecha. Esto daría resultados asombrosos e irreversibles. Totalmente nefasto sería Arrear a la vez la Ikoko Ni Shisherekú, por lo que insistimos en la necesidad de meditar adecuadamente, consultar y no excederse, y aun con razón al concluir "Hacer en lo Posible como Pilatos". Dar una satisfacción al Angel de nuestra Guardia, limpia a los nuestros, y a nuestro Ilé y serán en función a los mecanismos guardieros defensivos. Aunque este bien definido que nadie que esta recibiendo tales mensajes de forma hilvanada y periódica atine a otra cosa que no sea defenderse. Por lo tanto la recomendación es la del uso que se le da a cualquier arma, y es no usarla; pero si hay que usarla debe ser implacablemente.

1. ***LAMPARA A ESHU SANGREDO*** *(Rogada ante Fundamento de Ozain).*

Esta es una Lampara de Gran Efectividad y esta compuesta por Aceite de Alacrán, Hojas de Alacrancillo y Ñame Volador. Todo en una Igba ó en un Farolito hecho a tales efectos. Esta Jícarita ó Farolito, se debe colocar en el centro de una Freidera de Barro, Jícara Grande ó Recipiente que contenga ingredientes para Hostigar ó un Inshe determinado.

La Invocación se hace a Eshu Sangredo mediante Ozain. Este Eshu es de origen Arará, es muy fuerte y trabaja de noche, por lo que el trabajo debe hacerse a esa hora. Come únicamente Jutía y Akuko. Sus características son que cuando esta contento hace lo que se le manda, por lo que pudiera ser un excelente aliado de Ozain. Es muy vengativo y peligroso, y si su Dueño lo mima como es debido tendrá un mortífero auxiliar. Gusta de Addimus como: Frutas Frescas, Pescado Asado con Manteca de Corojo, Viandas Asadas al Carbón y untadas con Epó sobre la cascara. Bebe mucho

Otí y es un gran fumador de Tabaco, al igual que su compadre Ozain. Todas las ofrendas van a Nigbe. Es un excelente centinela. Se enciende y se llama a las 12 de la noche.

Montaje:

Va montado en un Muñeco de Palo Moruro (un campesino) barrenado por la cabeza para la carga y lleva sombrero de Guano. Su vestido es de Maribo desde el cuello hasta más debajo de la rodilla. Va debajo desnudo y se observan sus genitales inmensos.

Carga:

Ero, Osun, Obí Kolá, Azogue, 16 Atare, 7 Mates, 16 Peonias, Lerí de Pájaro Carpintero, Gavilán y Sijú. Lleva tierras de 7 calles distintas, Eweriyeye, Yagruma (Gbaro), Levántate, Cuero de Leopardo ó de Tigre, 7 Palos Fuertes, Lerí de Aya y de Ologbo. Lleva además Ilekan.

Este Eshu nace en el Oddun de Ifá OsaloFogbello, y es un excelente protector del Ilé, al recibirse se pacta para que viva con Agborán al lado de Ozain. Por su origen es quizás un eficaz colaborador de Asojuano (Recuérdese que es arará y que en el Oddun en que nace es imprescindible recibir a este Orisha).

2. *LAMPARA YERUGBE.*

Se firma un huevo de Pavo Real con Irete Yero, y se reza el mismo. En una Igba donde se haya puesto un papel de estraza con el nombre y la firma adecuada para el Ishe se coloca el Eñi (huevo) y se rocía de un hilo fino de Etubón, se le da una rociada de Otí y Chamba, se enciende una atana toda la noche y se le da cuenta a Ozain. Cuando esta se acaba se hace la firma de Arrear en el suelo, y sobre ella se coloca la Igba con la segunda atana que ya estará encendida. Se arrea la Jícara (la pólvora que esta adentro), y a continuación las 21 Pilitas de Etubón sobre las que se debe haber puesto la misma.

Se deja encendido a Ozain y se procede a la purificación como sigue:

- *1 Bolsito con Ekú, Ejá y Awado untados con Epó y que contenga Opolopo Owó.*
- *Ebbó Misí para el Awó, los presentes y baldeo del Ilé con: Quitamaldición, Espantamuerto, Salvia, Ewe Cocuyo, Prodigiosa, Salvadera y Albahaca, Efún, Oñí, Perfume y Flores Blancas. Se le agrega un chorrito de leche (para todas las*

personas del Ilé, para el Awó y baldeo. A la del baldeo se le pone un poco de Hielo y un poquito de Otí).

- Se le da misa en la Iglesia a Bogbo Obini Ibaé (Familiares y conocidos).

3. *LAMPARA CUELE CUELE.*

Se prende durante 7 días y tiene la tarea de tranquilizar el Ilé.

Primer día: Se prende delante de Ozain y de Tena con Aldimu para Bogbo Eggun

Segundo día: Se prende un Rato en un Lugar de la Casa

Tercero, Cuarto, Quinto y Sexto día: Cada día se enciende en un lugar distinto del Ilé y avanzando desde atrás hacia delante.

Séptimo día: Se enciende detrás de la Puerta.

La componen:

Bálsamo Tranquilo, Manteca de Cacao, Amansaguapo, Barre con Todo, Rompemonte, Rompesaraguey, Varia, Vencedor, Vence Batalla y la Hierba Orozus, Hierba Buena y Adormidera. Todos los componentes vegetales se fríen en Aceite de Oliva ó Vegetal y es el combustible de la lampara. Al final se hace un omiero de ewe marpacifico, Obi omi tuto agua fresca y pétalos de rosas y se hace un baldeo (agregando bastante Efún).

EBBO PARALDO OZAIN.

INGREDIENTES

- *1 Akuko Dun Dun y Osadié Mediano*
- *2 Eyelé Fun Fun*
- *1 Paño Fun Fun*
- *1 Huevo*
- *1 Pan*
- *Tiras de Tela de 9 Colores*
- *Todos los Tipos de Granos y Miniestras*
- *Ekú, Ejá y Awado, todo untado con Epó y Orí.*
- *1 Tabaco*
- *Oñi, Otí, Chamba, Vino Seco.*

- *La Medida del Cuerpo (Alto) y de la Cabeza (Circunferencia).*
- *Iyefá de Orula*
- *1 Ramo de Hierbas amarrado con 9 Tiras de 9 Colores (Ache Timbalera, Kioyo, Paraiso, Jagüey, Alamo, Jobo y Salvadera principalmente. Si no, se sustituye por 7 Hierbas de Paraldo ó Hierbas Fuertes, es decir de Oggun, Shango, etc.)*
- *1 Obí*
- *1 Atana*
- *Efún*
- *1 Bejuco Rascabarriga*
- *1 Botella vacía con 2 dedos de Alcohol y 2 ó 3 Hojas dentro de Salvia y Salvadera.*
- *Etubón (Pólvora) para Arrear.*
- *Al Ebbó va ropa usada, por lo menos 24 Horas.*

Se comienza el trabajo colocando a Ozain sobre la firma del Dueño del Monte y se enciende. Se invoca y se le da Obí, dándosele cuenta que se hace un Ebbó Paraldo a "Fulano de Tal" en su Ilé para que Kosi Iku, Kosi Aro, Kosi Iña, etc.; en ese momento se le pregunta a Ozain con que firma queda adentro de la Ikoko y se prepara el papel de estraza, con el que se envuelven las medidas de la persona y se hace un envoltorio con Ewe Erán (Pata de Gallina), Iyé de Palos preguntados (o lascas), efún, cenizas, etc. Se ata fuerte delante de Ozain y sobre el irá parada (Pie Izquierdo) la persona, mientras se le hace el Ebbó.

Se extiende delante de la persona el Paño Blanco y todos los ingredientes y se hace un atado que se le presenta al Lerí, el Cuerpo y las Extremidades; el mismo se vuelve a abrir entre la persona y la Ikoko dentro del Círculo de Efún (El Fundamento queda fuera de este). Se descalza a la persona y se le "Siluetea" los contornos de las plantas de los pies, haciéndole una cruz en estas con cascarilla (Todo con Efun, los contornos y la Cruz) y es el momento para colocar el envoltorio con las medidas debajo del pie izquierdo. Con lo primero que se limpia es col el Huevo, (Que puede ir Firmado) cubierto de Efún. A continuación se limpia con las Hierbas a las que se les ha rociado con cascarilla, Chamba y Otí. Se "Vuela" la paloma atada por las Patas con las Cintas por toda la casa y se hace el Sarayeye, mientras se canta el siguiente Suyere:

Iré Onire Paraldo Sowo
Ebbó Paraldo Sowo
Paraldo Sowo
Iré Onire Paraldo Sowo
Baba Ozain Paraldo Sowo
Paraldo Sowo
Iré Onire Paraldo Sowo.

Previamente se le ha dicho a la persona que recoja de debajo de su pie izquierdo el envoltorio de paja y que lo sostenga firmemente en la mano izquierda, se le ordena girar sobre su eje mientras se va limpiando y cantando, el primero que se limpia es el ó los oficiantes. Cuando se haya "limpiado" bien, se deja a la persona parada frente a la ikoko y a sus espaldas, de un golpe fuerte y seco sobre el suelo se mata a la paloma y esta se colocara sobre el Fundamento. Se "limpia" con el Akuko igualmente, la operación no varia. Los animales van completos al paño blanco. Este se despide con Eku, Ejá, Awado, Efún, Chamba, Otí, Vino seco, Oñi, e Iyefá. Se cierra. Solamente hay una diferencia entre la Ofrenda de Eyelé y la de Akuko. Es sustancial e importante cuando se mata el Akuko, se toma el cuje de rascabarriga, se hace saltar a la persona sobre el Akuko Muerto en el píso. Mientras se le golpea la espalda se le dice:

Iku Baguao, Eggun Baguao. Esta operación se repite al menos 4 veces.

Luego se rodea a la persona del alcohol con las hierbas embotelladas, esto se hace sobre el circulo de Efún y se prende con una Atana. Cuando el circulo este encendido se acerca la botella escurrida al ruedo del fuego y esta se traga la candela y con ella el "Araye" y al Eggun Obsesor que ya esta Enardecido con los Cujazos; se coloca la botella dentro del antiguo circulo y esta vez se reedita el mismo con 21 cargas de Etubón en forma de Espiral que envuelva a la persona desde los Calcañales, paseando por su lado derecho, su frente y muriendo a la izquierda de su espalda. La última pila de Etubón puede coincidir sobre la Firma de "Devolver" daño, que esta vez estará hecha con Carbón ó Cascarilla, pero los trazos cubiertos con un filo hilo de Etubón. Ha concluido el Ebbó y la persona debe esperar a que salga el "Mensajero" que le da camino para irse. La persona debe concluir el Ebbó Paraldo Ozain con un Ebbó Misí de Hierbas Fuertes y por lo menos 2 más para Refrescar con Flores Blancas, Perfume, Cascarilla, Leche, etc.

Queda solamente entonces darle de comer a Ozain el Osadié, lo que cierra el trabajo. (Esto se aprovecha para limpiar al ó los oficiantes y los moradores del Ilé). Todo debe culminar con un Baldeo y Ebbó Misí para los presentes.

EBBO MISI OZAIN.

En esencia no se diferencia del resto de los Ebbó Misí habituales. Es una purificación a través de las Hierbas y componentes que se le agregan. Solo queremos insistir en que la "Gracia" del Omiero para el Ebbó se adquiere cuando el oficiante le da de su propio Aché y es importante en la Liturgia del procedimiento que se le cante a las diferentes hierbas como es ritual. No nos detenemos en este particular porque es sabido que es un paso elemental ante el inicio de cualquier ceremonia. Solo daremos algunas indicaciones que por pensarse que no son importantes se pasan por alto como son:

- *Pintura y Consagración de la Cazuela, antes del Ripiado de las Hierbas.*
- *Consagración del Omiero con Ina y Ewe Koko.*
- *Adición de elementos auxiliares y complementarios (Iyefá, Eró, Osun, Obí Kola, Efún, Peonía, Ekú, Ejá, Awado, Otí, Oñí, etc.) Muchos oficiantes para el Omiero agregan la Virtud de hasta 7 Tipos de Agua: De Río, de Mar, de Lluvia, Bendita, de Pozo, etc. Otros utilizan Eye de Animales y otros, elementos purificadores.*

Es importante a la hora de indicar Ebbó Misí a la persona, tener en cuenta el Angel de la Guarda, por lo beneficioso ó perjudicial que algunas hierbas pudieran resultar. Por ejemplo, se da por sentado que los hijos de Obatalá, por ningún concepto deben utilizar Anamú y por otra parte las hierbas del Orisha que nos protege serán mayormente beneficiosas para sus Omó.

1. *EBBO MISI PARA VENCIMIENTO. (Omo Shango, Omo Aggayú).*

Se utilizan 6 ó más Hierbas: Paraiso, Alamo, Jobo, Baría, Atiponla, Bledo Punzó, Zarzaparrilla, Platanillo de Cuba. Se le agrega: Corazón de Semilla de Mamey, y Eyebale de Ayakua Tiroco diluida en Vino Seco ó Vino Tinto. Se consagra con Peregun.

2. *EBBO MISI PARA VENCIMIENTO. (Jemayá y Oshun).*

Debe utilizarce Agua de Río y de Mar, se le agrega un poco de Añil y Miel de Abejas, Canela en Ramas (Polvo) y Melado de Caña. Hierbas componentes (No menos de 7): Lechuguilla, Hierba Eñil, Flor de Agua, Hierba Buena, Guama, Botón de Oro, Hierba de la Niña, Coate ó Colonia, Marilope, Panetela, Helecho de Río, Guacamaya, Corazón de Paloma, Diez del Día, Orozus.

3. *EBBO MISI PARA ALEJAMIENTO DE ARO Y PERSONAS ENFERMAS*

Deben utilizarce no menos de 17 Hierbas para confeccionar este Omiero. Se le adiciona Omi de Obí Meyí, las plantas que no deben faltar son: Bledo de Clavo, Saúco, Algodón, Aguinaldop Blanco, Higuereta, Hojas de Almendro, Guanabana, Jagua

Blanca, Cundiamor, Sargazo, Apasote, Ateje, Escoba Amarga, Zazafrás, Piñon de Botija, Caisimón, Albahaca Anisada, Ciruela, Guasimilla, Carguesa, etc.

Al momento de preparar el baño se vierte el contenido de una Igba mediana, donde se haya Diluido en Leche Caliente 2 ó 3 Tabletas de Manteca de Cacao y Eyebale de Eyeé Fun Fun Meyí. Se le adiciona Opolopo Efún. Como Norma estos Baños, una vez hechos se le ruegan a Ozain, dándosele cuenta de para que y para quién se han preparado, vertiéndose un poco del contenido dentro de la Ikoko, se enciende a Ozain y dicho Omiero debe estar ante la Ikoko por lo menos 2 ó 3 días.

Ebbó Misí. Baños lustrales ó purificadores, pueden existir muchos indicados, como dijimos de acuerdo a las Hierbas de cada Orisha, otros con carácter medicinal ó para un baldeo, pero todos sin excepción deben contar con el Aché del Dueño del Monte, recuerde que es el y solo el quién da la Virtud de Ewé Ayuba.

TRABAJO CRUZADO ORUN - OZAIN.

Otro controvertido Poder en nuestra Religión es el de Orún, y todo lo que se logra utilizando las buenas potencialidades de Ikú, su reino y sus súbditos. Veamos como entonces esto, una obra donde se dice: "Maferefun Eggun, Nikaferefun Ozain Agguanille". Esta obra nace en el Oduns de Ifá Odi Ka, y da cuenta de la misma a Eleggua y a Ozain. Es una obra fuerte y de ser posible debe marcarla Orula, y hacerla de forma invariable, dándole ante todo conocimiento a Eggun, Eleggua y Ozain como sigue:

Se le da Eyebale a Eleggua, Oggun, Oshosi y Osun (Osadié Keke Meta y Eyelé) dándosele cuenta de la obra. Se pinta Atena para Eyebale a Eggun, reforzada al norte con Odi Ka y al sur con Obara Bogbe. Se ubican dentro de la Atena las 9 rodajas de coco untadas con Epó y Atare de Guinea (Todo en forma circular), al centro una rodaja de Cepa de plátano untada en Epó, sobre ella se coloca una Igba con Tierra de Aragba, suficiente para dividir en 3 Porciones. A la derecha del oficiante (esta de frente a la Atena) se coloca a Ozain, a la izquierda de la Atena, y al otro lado a Orún, encendiendo Atana Meyí, una frente a cada una. Se Moyugba, dándole coco primero a Eggun, frente a la Atena y a Orún, después a Ozain una vez que se le ha hecho la llamada. En esta fase se toma el Pez Zumbador de Madera de Orún, y a la vez que se ejecuta con el; se hace el siguiente rezo:

"Eggun Malekun Loleo Edun Magua, Edun Magua Moyare, Eggun Aguamoyara Adi Ni Lorun Kole Ni Lorun Eggun Banileo Eyi Ya bale Guao Eggun Abelekun Lorun Malegua Adadua Aguamayere

Sota Agua Kole Ni Lorun Abere La Koyele Eggun Aya Loleo Abelele Eggun Bagua Kole Abelele Loleo Acere Lue Edun Eggun Logua Eggun Logua Eggun Umbo Magua Lole Eggun Umbo Gue".

A continuación se le da Eyebale de Eyelé Meta Dun Dun a Orún, a la Atena, e incluso a la Igba y a Ozain (Este debe estar sobre la Firma del Dueño del Monte). Previo a dar Eyebale, se efectúa Sarayeyeo.

Después del Eyebale se reza:

"Malele Aberí Lele Eggun Manue Shango Eggun Gua Agualele Ni Ashegun Ota Eggun Aberi Ni Lorun Shango Bara Ni Eggun Abeyi Moyare Eggun Agua Lele Odara Bara Ye Ni Shango Abara Ni Lake Ni Shango Odika Baba Odika Baba Leyu Baba Lerun Baba Ni Laye Timbelaye Intori Abaye Balecun Eggun Balele Be Loleo Intori Agua Ni Lorun Eggun Odara **(Eyele Meta Dun Dun)** *Belele Eggun Odika Intori Eyele Odika Mayeku Ika Ika Lorun Omo Orisaye Tinshemo Ayalorun Ifá Iré Ifá Orunla Borun Egua Ni Lode Odika Ifá Sudara Odara Ashegun Ota Berelele Ni Laye Agualorun Lorun Ara Lelebelele Ni Laye Omo Olu Cocorun Odara Ozain Okuni Kuada Bagua Yokoloye Baba Coloye Elegba Omo Ni Yere Elegba Bi Odara Intori Ewe Logun Mamo Ni Loguo Ashe Olorimere Baba Odika Koye Ika Abi Omo Ni Shango Odika Oba Ni Ika Omo Ni Laye Aguara Laye Tinshomo Ayalorun".*

A continuación se le da Akuko Fun Fun a Ozain, compartido con Orún y la Atena (Incluso Igba).

Se deja reposar el trabajo, después que se le ha efectuado el servicio completo a ambos Fundamentos y a la Atena. Se mezcla bien la tierra de Aragba con lña Eye de los Animales y el servicio, y esta tierra se divide en 3 partes iguales. Una parte se pone dentro de la Ikoko de Ozain, la otra parte dentro de la Ikoko de Orún y la otra parte se lleva nuevamente al pie de Aragba. El camino que se le da a los Animales y todo lo demás de la Atena es ese.

Se va a Aragba con todo y se deja allí, como dijimos es entonces el momento en que se culmina la obra con Ejá Tuto, de la siguiente manera; Después que se le da Obí a Eggun al pie de Aragba se reza:

"Abelele Kun Orún Abelele Ejá Tuto Abelele Kun Orún, Eggun Abelele Oddua Gua Yenile Abelele Kun Orún Ifá Eggun Abelele Kun Orún Aguague Ifá Abelele".

Se arrodilla y se le da a Aragba y a la Tierra comida. Anteriormente Ejá Tuto, rezándole a Shango, Eggun y Oruga:

"Salara Oreo Ifá Odika Abeyeni Ifá Ikadí Kori Bo Guaye Eni Lorun Aguemi Shango Odika, Abeleni Laye Ori Aragba Ori Ni Oba Ni Lorun Oddua Abeyenilorun Orunmila Agua Ifá Moyere Odika Odara Ifá Sigue Yore Ni Ifá Shango Aba Lorun Eggun Odara Aguayeni Odara Ikadí Kayeni Ifá Aburo Kobani Loye Morani Lorun Oguaye Ni Ifá Shango Aguani Lorun".

Mientras se esta dando Eyebale se canta:

"Eye Eyeni Yere Lerí Araba Apua Boreo". **<u>Fin de la Ceremonia</u>.**

*Esta es una Gran Obra y debe manejarse como una **"Gran Solución"** para un **Gran Problema**, sobre todo si aparece en el Signo de Ifá Odika ó Ikadi en Osogbo o si ha salido otro signo, pero la persona ó el Awó es Omo Oddun de los mencionados ó si es un hijo de Shango . Igualmente cuando se quiere dar de comer a Eggun ó para fortalecer al Eggun del Fundamento ante determinada Tarea.*

<u>Nota:</u>

Del Inle comido con Ejá Tuto (Aragba), se toma un poquito y se pone en Ozain y en Orún.

<u>TRABAJO CRUZADO ZARABANDA - OZAIN.</u>

Este "Trabajo Cruzado" es un Arreo tradicional, pero de gran efectividad y se utiliza haciendo un Convenio con ambas Entidades (Zarabanda – Ozain) para una Acción contra determinado Objetivo.

Se efectúa de la siguiente manera:

- *Se debe definir si la Fuerza del Trabajo recae sobre Ozain, ó sobre Zarabanda.*

- *Si es sobre Ozain, se coloca sobre este el Tarro "Cargado" de Mpaka Zarabanda.*
- *Si es sobre Zarabanda, se coloca sobre dicho Fundamento, el Agborán de Ozain.*

- *Se procede de la forma que a continuación detallamos:*

  - *Se le da cuenta a ambos Fundamentos de nuestros propósitos, presentándole a ambos el Inshe ó Lampara que se va a utilizar y si esta va "Reforzada" con alguna indicación ó si Otá.*

  - *Se firma sobre el suelo, la Firma del Fundamento que se va a trabajar, y a la longitud del largo de un Machete, la firma de lo que se va a hacer ó el grupo de firmas que representen la acción; sobre esta firma se coloca la lampara ó la Igba con el Inshe. La firma debe tener salida.*

  - *Se coloca el machete firmado y sobre la hoja 21 cargas de Etubón (o Fula para los Paleros) y la firma donde va el Inshe se reproduce totalmente con pólvora. La salida se pondrá contra la puerta de la calle. Una vez efectuado los Rezos y Suyeres pertinentes se procede a Arrear el Fundamento con una Atana ó un Tabaco. Al final se le da al Inshe el camino que coja, si se Sopla, si se deja en Ozain, se lleva al Cementerio, si se lleva a un Hueco, a un Derrumbe ,etc.*

Nota:

Se pregunta a ambos Fundamentos por separado, con que limpieza se concluye el trabajo. Tras ver los resultados se le da de comer a ambos Fundamentos de forma compartida: 1 Akuko, 1 Eyele, ó lo que se determine.

CONFECCION DE UN GUARDIERO ILE

Muchas personas asocian al Fundamento de Ozain, con lo que solo es un "Guardiero", siendo la representación más habitual el Güiro Volador, decorado con Plumas de Gun Gun. En otros casos se cuelga detrás de la puerta un Tarro de Toro preparado para esos Menesteres.

Como resumen al presente Tratado, daremos nuestra formula y tambien entonces será reconocida por muchos. Tal como lo confeccionamos solo queda visible la cabeza de un clavo de línea a rás del piso, pues toda la carga fundamental va a estar enterrada tras la puerta en una Tinaja de las conocidas por Tinaja de Río, firmada por dentro y por fuera de la misma.

Cuestiones Fundamentales:

1. *La Selección de un Eggun Guardiero Ilé, que a partir de entonces será el mismo un Fundamento Protector, estará afiliado al Ozain de cabecera de la Casa, por lo que debemos hacer un pequeño Inshe de Control que siempre estará al pie del Orisha ó si este lo acepta, vivirá dentro de la Ikoko bajo esa condición, de ser un Centinela de Ilé.*

2. *Confección del Guardiero ó Fundamento Protector de la Casa bajo la Supervisión Directa de Ozain.*

3. *Se seguirán al pie de la letra todas las indicaciones que de rigor existen a la hora de "Armar" un Fundamento cualquiera, en lo tocante a preparación del Receptáculo, Firmas, Colocación de los Elementos, etc.*

4. *Se debe confiar a los Oráculos de Orula, Angel de la Guardia del Awó, del Ilé, del Fundamento de Ozain y de las Protecciones, la instalación del mismo y sobre todo a Eleggua, y si hay, otros Fundamentos de la Casa.*

5. *Este será un Fundamento, cuya única finalidad será su utilización como defensa de la Casa y sus Moradores, y no será utilizado bajo ningún concepto en otras funciones que no sean esas.*

CARGA ANIMAL:

- *Lerí y Elese de Aya..*
- *Lerí de Judio*
- *Lerí de Gavilán*
- *Lerí y Elese de Gun Gun*
- *Arriero*

- *Siju*
- *Owiwi*
- *Zun Zun*
- *Adán*

CARGA VEGETAL:

- *21 Palos Fuertes*

- *21 Ewes*

Todo lo demás se va preguntando hasta que "Cierra". Es Fundamental 7 Otases de Río que sean Ozain para el Awó. Llevara las Firmas de Control de Eggun (Oduns de Ifá, La Firma del Guardiero, etc.).

Antes de sellarlo hasta el borde con tierra de bibijaguero y las que pida. Se le da Akuko Fun Fun y se le pone en el centro un Clavo de Línea, se sella con cemento y alrededor de este recipiente se incrusta una cadena fina; se ab re un hueco y se entierra cementándose hasta el ras del suelo, de forma que una vez seco el cemento solo se verá la cabeza del clavo, que es la que se "Alimenta". Se pregunta con que, y como se atiende.

Made in the USA
Las Vegas, NV
11 January 2024

84226852R00030